近代日本学校制服図録

難波知子
Nanba Tomoko

創元社

まえがき

　本書は、近代日本の学校制服の歴史・変遷をビジュアル資料によりたどるものである。2012年に刊行した前著『学校制服の文化史』（創元社）に、女子の学校制服（主に高等女学校という女子の中等教育機関）の図版をいくつか掲載したが、本書は掲載点数を大幅に増やし、さらに中学校以上の男子学校制服と小学校児童の通学服の図版を加えて構成した。この構成により、近代日本で展開した学校制服文化の全体像を、男女の各学校において提示してみることが本書のねらいである。

男女学校制服の原型

　現代に通じる学校制服の原型は、近代国家体制の基盤を築いた明治時代に成立した。男子の制服は明治20年前後、女子の制服は明治30年代である。男子は成立当初から詰襟学生服に学生帽という洋服であったが、女子は明治30年代に袴の制服スタイルが成立したのち、大正後期よりセーラー服をはじめとする洋服に変わっていく。服装史の観点からいえば、日本の近代という時代は、政治機構や社会制度の手本とした欧米列強の服装様式に由来する「洋服」を導入した時期である。もっとも早く洋服が導入されたのは軍服であり（明治3年）、近代的な軍隊の整備にあたり、イギリスやフランスの軍服様式が参照された。その後、官公吏などが着用する礼服（明治5年）や郵便・鉄道・警察など各種職業服にも洋服が導入され、男性の公的服装は洋服が中心となり、近代国家を担う人材のシンボルになっていく。男子の学校制服はこの流れを受け、軍服由来の詰襟学生服を採用し、いち早く洋服を取り入れた。明治19（1886）年に最高学府の帝国大学において詰襟学生服・学生帽の制服制帽が制定されたことは、男子学校制服の様式を決定づけた。

　一方、女子の学校制服は男子とは異なり、「和服」の袴を着用する制服のスタイルとして成立した。その時期は男子より遅く、明治30年代である。この成立時期のタイムラグは、男女の教育機関整備の差に起因する。近代日本の学校制度は、中等学校以上の教育において男女別学の方針を採ったが、女子のための学校制度の整備は男子に比べ着手が遅れた。近代化を担う人材育成が男性を中心に進められたからである。小学校に続く女子の中等学校が全国的に整備されたのは、明治32（1899）年の高等女学校令以降のことである。ここでようやく高等女学校に通う「女学生」という社会身分が全国に広がりをみせることになる。女子の学校制服は、女子中等学校の設立を待って成立する。

　女子のための教育が行なわれた高等女学校では、良妻賢母の育成が教育方針とし

て掲げられた。すなわち、家庭において夫を支え、子どもを育てることが女性に求められ、高等女学校ではそのために必要な女子教育が行なわれたのである。家庭と結びつけられた女性は、公的領域に導入された洋服の着用機会に恵まれなかった。洋服の着用は職業や社会的地位と関係しており、当時社会進出を求められていなかった女性が公的な洋服を着用する機会は、一部の例外を除きほとんどなかった（例外としては、皇后や皇族女性、女性教員、看護婦などがあげられる）。男性は仕事（公的）、女性は家庭（私的）という性別役割は、やがて外で働く男性は「洋服」、家庭を支える女性は「和服」という図式を生み出していく。女子の学校制服が和服の袴を採用した背景には、男女の性別役割とそれに基づく教育の制度整備があり、家庭における役割を求められた女性は、洋服を着ることから遠ざけられていたといえよう。

男子のように洋服とはならなかったが、しかし女子の袴もまた明治時代に入ってから新たに考案された近代的な服装であった。公的服装として洋服が導入・普及される動きに連動して、在来の服装様式が見直され、「和服」として再編成された。和服の礼服（男性は紋付羽織袴、女性は白襟紋付）は、洋服の導入とともに整備され、和と洋の二重構造を形成する。女子の袴は、学校生活への適応（机と椅子の学習スタイルや体操の実施など）を考慮して創案された。和服といっても、前近代の服装様式をそのまま踏襲したのではなく、近代的な価値基準に照らして、改編や創造が重ねられたのである。外来の洋服を取り入れた男子学校制服も、在来の服装を改編・創造した女子学校制服も、どちらも近代化の過程で生み出された新しい社会身分を象徴する服装であった。

このように男子と女子とでは、学校制服の様式や成立時期が大きく異なった。では、男女を通じて形成された学校制服とはどのような服装文化だろうか。次に、学校制服の成立要件を考えることで、文化としての学校制服のもつ特質について考察してみたい。

学校制服の成立要件──私費調製・身分と所属の表示

筆者は、男子の学校制服の成立を明治19（1886）年の帝国大学における制服制帽の制定（詳細は後述するが、正確には帝国大学と第一高等中学校における制服制定）、女子の学校制服の成立を明治30年代の高等女学校における袴の着用とした。これらが学校制服の成立事例であると判断した根拠は、私費による制服調製と、生徒の「身分」および学校の「所属」を表す記号体系の確立の二つの理由からである。

第一に、これまで学校制服の成立は、生徒の服装を取り決める「規則」の制定とほぼイコールで捉えられてきた。この観点からみれば、帝国大学や高等女学校よりも前に、各種学校において生徒の服装規定が存在した。例えば、男子の兵学校や開

拓使仮学校では揃いの洋服が着用されており、男女の師範学校でも特定の衣服が支給されていた。しかしこれらは官費によって与えられた、軍服同様の「お仕着せ」であった。その後学校制服は、規則は学校から示されるが、費用は生徒・家庭が負担する仕組みをもって普及していく。筆者はこの私費調製というあり方こそが学校制服を現在に至る文化に築き上げた最たる要因であると考える。なぜなら、制服の費用を生徒側（家庭）が負担することで、学校制服の実現に影響力をもつことになり、学校側の思惑と生徒側の要望のかけひきによって、制服文化が形成されていくことになるからである。

　とりわけ生徒側の要望が学校制服に与えた影響がみてとれるのは女子の学校制服である。明治30年代に成立した女子の袴は、生徒側から着用許可を願い出て実現した事例が確認できる。当時、生徒の間で袴に着用願望がもたれていた。同様の着用願望や着用願いはセーラー服の時代にもみられる。生徒はいつも学校から規則を与えられ、それに従うばかりの存在ではなく、時に自らの要望を主張し、服装規定を制定・変更させる力をもっていた。しかし、同じ明治30年代に女子の服装に学校の所属を示す徽章が付けられていくが、この徽章の制定には、校外における生徒の取締りという学校側の生徒管理の思惑が強く働いていた。すなわち、袴と徽章という女子の服装は、生徒の着用願望と学校の生徒管理の相互作用により成り立った服装であるといえる。いわば全くの押しつけでもなく、かといって全くの自由が与えられてもいない。この相互作用のバランスは、時代や学校によってまちまちであったが、学校制服の成立過程に、生徒の意思が反映される余地があったことが重要である。この余地を与えることになったのが私費調製というあり方であり、規則とモノ（衣服）が一方的に付与される軍服や警察官の制服とは異なる、学校制服の特質を形成することになったと考えられる。

　第二に、学校制服の成立要件として指摘しておきたいのは、学校制服には男子生徒／女子生徒という「身分」と学校の「所属」の二つの"しるし"が付けられ、それらの記号体系が構築されていくことである。身分と所属の表示は、男女で具体的な表れ方が異なるが、男子生徒／女子生徒という社会集団への「同一化」と、そのもとで各所属を表す「差別化」の二層構造となっている。男子の場合は、詰襟学生服が男子生徒の身分を、学生帽の帽章や白線が所属する学校を表した。女子の場合は、袴が女子生徒の身分を、徽章（バンド、袴章、バッジ）が所属する学校を表した。以下、男女それぞれの学校制服の記号体系を形成した具体的な服装をみていこう。

　男子学校制服の成立は、帝国大学（現・東京大学）とその下に位置づく第一高等中学校（後の第一高等学校）において制服制帽が制定された明治19（1886）年である。男子の学校制服は、とりわけ"帽子"が重要である。大学生は学生帽の形状が「角帽」、高等中学校以下は「丸帽」であり、まず帽子の形状により、大学生か

それ以下の生徒であるかが判別された。さらに学生帽には帽章や白線が付けられ、所属する学校が表されていく。東京大学予備門を前身とする第一高等中学校では当初、予備門時代の角帽を着用していたが、明治19年に制帽の様式を角帽から丸帽に変更した。これ以降、角帽と丸帽の帽子の形状が学校の段階や種別を明確に表すようになり、男子学生帽の記号体系が確立された。その後、この学生帽の記号体系と詰襟学生服の着用は、全国に設立された高等中学校（旧制高等学校）や尋常中学校（旧制中学校）にも波及していった。特に旧制高等学校の学生帽には、帽章に加え白線が付けられ、「白線帽」とも呼ばれた。なお、学生帽と制帽の語義については、前者が後者を含む包括的な概念であり、制帽は服装規定により着用が定められた事例に限定して使用することにする。

　過日手話のテレビ講座を見ていて、大学は角帽を表すしぐさ、高校は学生帽の白線を表すしぐさで伝えられることを知り、帽子がもった象徴性とその定着の仕方に驚かされた。いかに学生帽が身分と所属を表す明確な目印になったかを物語っているように思われた。現在、男子の学生帽はほとんどかぶられていない。1960年代末からの大学紛争、その余波を受けた高校紛争の中で、服装自由化や男子の長髪許可が求められ、学生帽の着用規則が漸次廃止されたからである。しかしこうして手話の中に、かつて学生帽がもっていた象徴性が息づいており、そのことに印象づけられた。

　このように男子は詰襟学生服と学生帽（帽章）が学校制服の記号体系を形成し、最高学府の帝国大学から全国の旧制中学校まで普及した。これに対し、女子の場合は明治30年代に女子生徒の身分を表す服装として袴が定着したのち、少し遅れて所属する学校を示す徽章（校章）が付けられ、女子学校制服の記号体系が構築されていく。女子生徒の身分を表した袴は、女性向けに考案された襞のないスカート状で、特に海老茶色の袴が多く穿かれたことから、女子生徒たちは「海老茶式部」と呼ばれた。また所属を表す徽章にはいくつか種類があり、袴の腰の部分に付けるバンド型、袴の裾にラインを付ける袴章、襟もとに付けるバッジ型などがあった。明治30年代に袴と徽章によりいったん体系化された女子の学校制服は、その後大正末より昭和初期にかけて大きく変化をとげる。洋服の採用である。洋服になってからは、袴に代わり洋服のデザインが女子生徒の身分を象徴するようになっていく。その最も代表的なデザインが、セーラー服だろう。所属の表示は、袴の時代に付けていたバンドや袴章をスカートに引き継ぐ場合もあれば、セーラー服の襟のラインやリボンの色で差別化したり、バッジを新たに制定したりする場合もあった。

　このように男女の学校制服は、生徒という身分を表す共通した服装形式に、所属する各学校の"しるし"が付き、社会的な記号を形成しながら普及していった。特に所属を表した徽章は、帰属意識や愛校心の育成という目的のもと学校から示し与えられる性質を帯びたが、それらを身に付ける生徒にとってはアイデンティティの

拠りどころとなったり、学生時代を象徴する記念物となったり、単なる学校の"しるし"以上の意味をもったといえる。

制服文化の広がり──小学校児童への学生服の普及

　ここまで近代日本における学校制服の成立について、男女の具体的な状況を述べてきたが、私費調製により、身分・所属の表示の付いた学校制服を着用することができたのは、主に中・高等教育機関においてであった。より上位の学校に子どもを進学させることのできた家庭では、学校が示した服装規定に応じて制服を調製することが可能であった。逆をいえば、貧困層の児童が含まれる義務教育の公立小学校では、私費調製の学校制服が成り立ち得なかった。生活に余裕のない家庭では、学校用に特別な仕様の服装を用意することが極めて困難であり、学校が揃いの制服の着用を求めることはほぼなかったといってよい。貧困家庭に経済的な負担をかけることになれば、就学率の低下をまねく恐れがあったからである。したがって、義務教育の公立小学校では、中等学校以上のような制服着用の規則が示されることはなく、児童は各家庭の経済の実情に応じた服装で通学していた。

　しかし公立小学校の卒業写真をみていくと、中・高等教育機関で着用された学校制服の影響を受け、明治期に袴スタイルの男女児童服、大正末から昭和初期にかけて、男子は詰襟学生服、女子はセーラー服などの通学服が着用されるようになっていくことが確認できる。ただし中等学校以上の制服と異なるのは、必ずしも全員が揃いの服装となっていないことである。彼らは確かに袴、詰襟学生服やセーラー服を着用しているのであるが、皆バラバラな様式であり、なおかつ服装に所属を表す徽章がつけられてはいない。これは小学校に特定の服装を求める服装規定が存在しなかった証拠だろう。彼らは任意により、いわば制服風児童服を着ているのである。

　こうした任意着用で広まった、学校の「所属」表示のない制服風児童服をどう捉えればよいのだろうか。しかも規則によらず、どのように貧困層の家庭を含む小学校児童の間に制服風児童服の着用が実現され得たのか。これら公立小学校の児童服を考えるために、本書では、着用が義務づけられた「学校制服」に対して、任意着用の「学生服」という概念を設定したい。改めて概念を整理すると、学校制服とは規則で定められ、かつ身分・所属の表示が付けられた服装、学生服とは学校制服の様式に準じるが、規則で定められていない任意着用の服装（身分の表示のみ、所属の表示は付かない）である。いずれも私費調製であることは言うまでもない。なお、詰襟学生服と表現した場合には、詰襟の上着という形状を表すことにする。また学生服といえば男子のみを指す印象が強いが、ここでは男子だけでなく女子も含むものとする。女子の学生服には、洋服が普及する以前に着用された袴と洋服のセーラー服・ジャンパースカートなどが相当する。女子の洋服は、男子の詰襟学生服ほど

型が統一されず、いくつかの種類があった。

　明治大正期に小学校男女児童の間で普及した袴は、学生服の概念にそのまま当てはまる。明治末頃までに、男子児童は筒袖に袴、女子児童には元禄袖（袖丈が短い）に袴という小学校児童の典型的な服装が形成されるが、これらも基本的には任意の着用で、かつ所属の表示のない学生服といえる。また時代は現代に下るが、「なんちゃって制服」もまた学生服という文脈で説明できる。「なんちゃって制服」は制服のない学校で制服風の私服を着る現象であるが、まさにその服装は任意着用であり、所属を表さない（表すのは"個性"）。このように学生服という概念を定位することにより、明治時代の袴から現代の「なんちゃって制服」までより広範囲にわたる服装や現象を関連づけることができる。

　任意着用の学生服という概念を加えると、近代日本において形成された学校制服文化は小学校から大学にまで広がりをもち、また多様な着用動機や衣服に期待する機能・価値が浮き彫りになってくる。明治19（1886）年に成立した帝国大学および第一高等中学校の詰襟学生服と学生帽の男子学校制服は、次第に旧制高等学校や旧制中学校の男子生徒に波及し、大正末から昭和初期にかけては、公立小学校の男子児童にまで、任意着用の学生服として浸透していく。一方、女子は明治30年代に女子の中等学校において袴と徽章の女子学校制服が成立し、大正末から昭和初期にかけて洋服へと変容をとげ、これら女子学校制服の様式は小学校の女子児童の服装にも影響を与えていく。大局的にみれば、上位にある学校において学校制服が成立し、その影響が下位の学校に及び、小学校では学生服の任意着用に至ったといえる。学生服の着用を含む学校制服文化は、一部のエリートや特権階級に閉じられず、大衆層への広がりをもって定着していくという特徴が見出せる。

既製服産業への着目

　さて、小学校への学生服の普及に関連して、学生服を取り扱う既製服産業の登場・発達に言及しておかねばならない。袴の時代にも、既製の袴や袴生地を販売する「袴屋」が小学校周辺に店を構えたが、袴は和裁の技術を生かして家庭で製作されることも多かった。特に地方の小学校の事例では、綿花から栽培したり、くず糸をもらって紡績したり、織布から裁縫まで全て手作りで袴をつくってもらったというエピソードも聞かれる。こうした和服の袴に対し、詰襟学生服やセーラー服などの洋服の時代になると、必ずしも家庭に洋裁の技術が普及していたとは限らず（当時洋裁の技術をもつ家庭は少なかったと思われる）、仕立てられた既製服を購入して着用することが主流になっていく。学生服の製造者たちは、洋裁の技術をもたない家庭に代わって、小学校児童向けに安価な学生服を提供した。学生服は型が決まっていることから既製服として量産されやすく、また小学校児童の数は中等学校以上の生

徒数に比べ圧倒的に多いため、市場として有望であった。公立小学校の児童への学生服の普及の背景には、既製服産業の発達や関与が認められ、私費調製による学校制服をより広範囲に定着させるのに一役買ったといえる。こうした学校制服・学生服の製造面を明らかにすることも、学校制服文化を解明するうえで重要である。揃いの服装が成り立つには、それらを製造する生産者も、重要な役割を果たしたと考えられるからである。制服文化の担い手として、既製服を製造した生産者の関わりは、今後さらに検討が加えられるべきであろう。

本書の構成とリサーチの記録

　近代日本の学校制服文化を総体的に捉えるために、本書では〈男子〉〈女子〉〈小学生〉という三つの属性と〈学校制服〉〈学生服〉という二つの概念を組み合わせたⅢ部構成にした。すなわち、第Ⅰ部において男子の学校制服、第Ⅱ部において女子の学校制服、第Ⅲ部において小学生の学生服を取り上げる構成である。

　第Ⅰ部では、男子の学校制服を学校別に取り上げている。男子学校制服の成立に重要な影響を与えた東京帝国大学、私費調製の最初の事例となる学習院、バンカラ風俗を形成した旧制高等学校、その下に位置づく旧制中学校、その他に被服費が支給された男子師範学校、私立大学の早稲田大学、同じく私立で背広服におかま帽を制服に採用した成城学園の7校である。ここでは中・高等教育機関で展開した男子の学校制服の具体的な様子を紹介しているが、学習院と成城学園の項においては小学校の事例も合わせて掲載した。前者は学校制服、後者は学生服の概念に近い。

　これら男子の事例は、本書をまとめるにあたり新たに調査を行なっている。その際、前著でほとんど取り扱えなかった制服の実物になるべく当たるようこころがけたが、調査して分かったのは、当時の制服そのものがほとんど保存されていないことであった。理由はさまざまあろうが、一つは学校制服が個人的な"モノ"であるためだろう。個人が着用した制服を組織や機関が保存するためには、それなりの条件が整わなければならない（著名人が着た制服は別格だろう）。保存される可能性が最も高いのは、各学校である。卒業生あるいはその遺族が大事に保管してあった制服を寄贈し、それを当該学校が受け入れ、学校の歴史を物語る資料として保存や展示をする場合が考えらえる。この時に必要な条件は、制服が着用者もしくはその家族によって保管されてあることである。

　ちなみに、筆者の高校時代の制服は、残念ながらもうこの世に存在しない。卒業後に思い出の品として保管しておくという発想すらなく、毎日着用した制服は消耗してくたびれ、他に使用用途もないため早々に処分してしまった。制服を研究する身となった今、研究資料として過去の自分の制服を保存しておけばよかったと少し後悔している。学校制服が個人的な"モノ"であるがゆえに、個人の意志により残

されたり、廃棄されてしまったりする。今回の調査を通じて、学校制服を歴史的な資料として保存する手立てを講じなければならないと痛感した。

　第Ⅱ部では、女子の学校制服を服装様式や時代ごとに取り上げている。前著の成果をもとに、新たな資料を加えて、女子学校制服の歴史的な変遷を示した。はじめに女子学校制服の成立前史として東京女子高等師範学校（現・お茶の水女子大学）で着用された男袴と鹿鳴館時代の洋装の写真を掲載した。続いて、袴の制服スタイルが成立した明治30年代の装い、各女学校の徽章や袴章を集めた。袴の裾にラインを付ける袴章は、群馬県や北海道にユニークな意匠がみられ、他校との差別化を狙いながら、各校独自の徽章を考案していく様子が窺えて興味深い。また特に明治30年代に新聞雑誌に掲載された女学生の諷刺画や改良服の図を収録した。図（絵図）は、写真とはまた異なる面白さがある。さらに大正後期以降の体操服や洋服の制服の写真もなるべく多く収集した。洋服になりたての頃の写真を見ていると、今から見ても格好よくみえるデザインもあれば、体になじんでおらず、衣服に着られているように見えるものもあり、見飽きることがない。セーラー服のリボンの結び方も必見である。少しでもおしゃれに着こなしたいという思いは、今も昔も変わらないようである。

　なお、前著ではお茶の水女子大学など直接資料を確認できたものを除き、各学校がまとめた記念誌から写真を転載することしかできなかったが、今回はいくつかの女学校の当時の『卒業記念写真帖』から写真を掲載することができた。また、インターネットを通じて、各学校や各機関が作成したデジタルアーカイブズからいくつかの写真を許可を得て掲載させていただいた。昨今このデジタルアーカイブズの整備・充実ぶりは目を見張るものがあり、自宅や職場にいながらにして、各種資料の画像やデータを確認できるようになった。便利になってうれしく思う反面、取り扱える情報量が増えすぎてしまい、情報処理が追いつかなくなることに少々危惧も感じている。

　第Ⅲ部では、各地の小学校の卒業写真を取り上げるとともに、児童・生徒に普及した商品としての学生服とその製造業者に関連する資料を紹介する。卒業写真は、大正末から昭和初期の各地の小学校のものを収集した。小学校児童に普及した学生服がどのような商品であったかを知るために、昭和前期頃の学生服が掲載された商品カタログをいくつか掲載した。名古屋と大阪の商店のものである。さらに戦前の学生服の様式や製造方法を引き継いでいると考えられる学生服の商品とそれらに付けられた商標を多数収集した。ここに掲載したほとんどは戦後のものであると考えられるが、詳細な製造年代は不明である。これらの年代の解明は、今後の課題としたい。最後に学生服の生産地として発展した岡山県児島地域の制服会社に関連する各種資料を掲載した。岡山県児島地域では昭和10（1935）年に1000万着にも及

ぶ学生服が量産されていた。掲載資料は、そうした学生服製造の量産の様子や販売活動の記録が確認できる興味深いものである。

　小学校への学生服の普及と学生服の産業史については、もともと筆者が修士論文で取り上げたテーマであった。岡山県出身の筆者は、なぜ郷里において学生服製造が盛んになったのか疑問に思い、児島地域に何度か足を運び調査を行なった。しかし当時、郷土史にまとめられた以上の情報を得ることができず、そのまま女子の制服研究に転換していったのだが、前著以降、改めて児島地域の学生服産業史に取り組み始めたのは、東京の骨董市で学生服の袋（図24-153、筆者が最初に骨董市で購入した資料）を見つけたことであった。骨董市では、商標（ラベル）などの紙物を取り扱う専門家がおられ、その方のネットワークにより学生服の商標を収集することになった。学生服そのものはどこの会社の商品も似たり寄ったりなのだが、商品につけられる商標名や商標意匠が異なり、当時の時代相も反映され、一気に商標の世界に魅せられた。数多くの商標が出てくることを期待したが、生糸や足袋などに比べ、学生服の商標は大変少なく、本書の商標コレクション（図25-1～49）は、マッチラベルのコレクターと児島学生服資料館の協力を仰ぐことでようやく実現した。

　さらに著者が新たに資料開拓を試みたのは、ネットオークションで取り扱われる学生服のデッドストック（未使用品）である。多くは戦後のものであると思われるが、紙袋入りの学生服は戦前の製造方法を踏襲していると考えられ、また学生服そのものだけでなく、袋に描かれた商標名やモチーフ、学生服に取り付けられたラベル、説明文などには興味深い情報が詰まっている。ただし研究上の大きな問題点は、こうした資料のほとんどが年代不明ということである。ネットオークションの出品者たちは商品の出所（多くの場合、旧家や呉服屋の蔵出し）は知っていても、それがどのようなものであるのかといった情報を必ずしも持っていない。この点が博物館に寄贈されるような由来の分かっている（いつ誰が着たか、すなわち着用済みの）資料との決定的な差であろう。とはいえ、こうした学生服のデッドストックも、日本の制服文化の一端を明らかにしてくれる貴重な存在である。本書が対象とする昭和戦前期までの時代を超え出てしまうが、ぜひ読者のみなさんに紹介したい資料群である。

　本書はビジュアル資料を多く掲載した「図録」の体裁をとるが、まえがきや各部・各章の解説において、学校制服文化を論じる新たな視点や概念の説明、資料の紹介を行なっている。できれば文章と資料を突き合わせて、学校制服の歴史や文化を味わっていただきたいが、図像だけを見ながら、あれこれ制服について思いを馳せ、誰かと語り合い、楽しんでいただく読み方も大歓迎である。まさにそうした本書の鑑賞や制服を通じたコミュニケーションが成り立つことこそが、学校制服が文化として広く共有されている証しといえよう。

目次

まえがき 3

第Ⅰ部　男子の学校制服　15
詰襟学生服と学生帽（角帽・白線帽）の着用

第1章　帝国大学（東京帝国大学） 19
第2章　学習院 25
第3章　旧制高等学校 31
第4章　旧制中学校 44
第5章　師範学校 49
第6章　早稲田大学 53
第7章　成城学園 59

第Ⅱ部　女子の学校制服　63
袴からセーラー服へ

第8章　男袴 67
第9章　鹿鳴館洋装 69
第10章　明治時代の女学生スタイル 73
第11章　式服 78
第12章　徽章 80
第13章　袴章 88

第14章	腰紐の結び方	94
第15章	女学生諷刺画	97
第16章	改良服	103
第17章	大正時代の女学生スタイル	110
第18章	体操服	115
第19章	洋服の制服制定	124
第20章	大正末から昭和初期の卒業アルバム	136
第21章	全国統一型のへちま衿	159

第Ⅲ部 大衆衣料としての学生服 161
小学生児童への普及と学生服の量産

第22章	卒業写真にみる小学校児童の服装	165
第23章	広告・カタログに掲載された学生服	175
第24章	商品としての学生服・セーラー服	185
第25章	学生服の商標ラベル	221
第26章	児島における学生服製造	232

あとがき ……………… 240

参考文献一覧 ……………… 242

凡例

・収録各図のキャプションの見方は次の通り。

　　図2-7：日本歴史授業（中等学科）
　　◉大正4（1915）年
　　机の左側に鞄。
　　✣『大礼奉献学習院写真』※学習院アーカイブズ蔵

　　　◉　→　年代　　✣　→　出典　　※　→　所蔵

・引用文中の〔　〕は、引用者の注記であることを示す。
・実物写真は適宜拡大・縮小したが、一々明記していない。

第 I 部

男子の学校制服
詰襟学生服と学生帽（角帽・白線帽）の着用

男子の学校制服といえば、「学ラン」と呼ばれる詰襟学生服が思い浮かぶ。現在ではブレザーを採用する学校も多いが、今なお詰襟学生服は男子生徒・男子学生を象徴する衣服として根強く定着している。この詰襟学生服はもともと軍服をモデルにしたといわれている。陸軍型（ボタン留め）は帝国大学において明治19（1886）年に、海軍型（ホック留め）は学習院において明治12（1879）年に制服として制定された。どちらも私費調製として制定された最初の事例である。

男子学校制服の起源

　なお、本書では学校制服の成立や普及において、私費調製という点を重視しているため、男子学校制服（詰襟学生服）の起源を帝国大学と学習院としたが、それ以前にも官費支給された「お仕着せ」の制服（洋服）は存在した。例えば、海軍兵学校や開拓使仮学校、工部大学校など文部省以外の他省庁が管轄する専門教育機関である。これらの学校では、学資や生活に必要な費用が全て官費により賄われ、多くの場合、寄宿舎で集団生活が営まれた。欧米から優れた制度や技術を取り入れるため外国人教師を招聘し、学校における授業から寄宿舎生活に至るまで欧米式が採用され、その一環として洋服の制服が支給されたのである。この場合に着用された制服は、特殊な分野における限定的な実施といえ、それが社会全体に認識され、生徒・学生一般を表す服装となるような汎用性をもつには至らなかった。一方、文部省所管の学校では、授業料さえも原則的に受益者の負担であり、当然服装にかかる費用を文部省が支給することはなかった（後に官立師範学校では学資が支給されるようになる）。そうした中で、私費による制服規定が成立したことは、学校制服を単なる服装規制や記号体系に留まらせず、さまざまな意味や性質を含みこむ多義的・多面的な「文化」として形成される契機となった。

帝国大学と学習院

　このように私費調製により制服制定が行なわれた帝国大学と学習院だが、両者には制定時期に差がある他、教育機関の種類にも違いがある。帝国大学は官立の高等教育機関であり、学習院は当時私立の初等中等教育機関であった（明治17年に宮内省所管の官立となる）。しかし共通点も見いだせる。それは制服制定時に、渡辺洪基（1848－1901）が関わっていることである。渡辺洪基は、明治3（1870）年に外務大録となり渡欧（明治9年帰国）、在官時には学習院次長を兼ね、明治17（1884）年工部少輔、翌年東京府知事となり、明治19年に帝国大学の初代総長に就任した経歴をもつ人物である。学習院次長時代には、学習院の教育方針や教育内容の改正を行なうとともに、制服制定も立案した。後述するが、学習院は華族の教

育を目的とし、特に男子には軍人将校となり、国家を支える役割が期待された。そのために導入された体操や馬術などの科目では、機能的な洋服の着用が求められ、また軍隊の秩序を取り入れたり、生徒に期待される軍人としての役割を自覚させたりするのに軍服由来の制服は適していたと思われる。また旧来の身分制度が色濃く残る中で、それらを払拭し、新しい身分の序列を示すのにも、「洋服」という外来の服装スタイルは好都合だった可能性がある。さまざまな思惑が重ねられ、学習院における制服制定は実施されたといえる。

　こうした学習院の事例に対し、帝国大学での制服制定にはまた違った意図や事情があったと思われる。帝国大学では、学習院や教員養成機関である師範学校で導入された兵式体操は行なわれず、ゆえに教育内容の観点から学生の服装に機能性が求められたというよりも、学生に期待された国家的エリートを示す服装の象徴性の方がより重視されたと考えてよかろう。特に「洋服」という近代化のシンボルと、「角帽」という最高学府に学ぶエリートの"しるし"が、近代国家を支える人材の育成に有用であると判断されたのではないだろうか。またとりわけ制帽については、帝国大学の前身にあたる東京大学の時代に、学生の発意により定められたという経緯がある。学生側からの要求という学習院とはまた異なった背景が、帝国大学の制服制定には確認できる。

学生の象徴としての角帽

　ここで大学生の象徴となる「角帽」について確認しておきたい。角帽とは、帽子の上部（天井、クラウン）が四角になった形状のもので、正面から見ると四角の角が正面や左右に張り出して見える。この角が尖がっている帽子が、最高学府に学ぶエリート大学生を表した。もちろん正面に付けられた「大学」の帽章も重要だったが、遠くから見てもはっきり分かるのは、帽子の形状であった。この角帽が最初に着用されたのは、帝国大学以前の東京大学時代のことで、しかも「学生堕落防止策」の一つとして学生から提案されたと伝えられている。明治17（1884）年頃のことである。当時、学生の遊里への出入りや飲酒による乱闘騒ぎなど、風紀の乱れが問題視されていた。そうした風紀の乱れを律するために「正服正帽」の制定およびその形式が学生から立案されたというのである。当初は「正服」の制定も考えられたが、資金の面から帽子のみとなった。この時に提案された「正帽」の形式は不明であるが、卒業生の回想によれば、イギリスのケンブリッジ大学とオックスフォード大学の帽子を折衷して作ったという。角帽の様式の成立については、根拠となる資料が乏しく、不明な点が多いが、おそらく東京大学及び予備門の学生たちが最初に角帽を着用したと考えられる。

明治19（1886）年に各種学校令が公布されると、東京大学は帝国大学に、東京大学予備門は第一高等中学校に改組された。第一高等中学校では当初、大学予備門時代にかぶられた角帽を制定したが、4ヶ月後に帽子の形状を丸形に改めている。この改定により、角帽が大学生、丸帽が高等中学生以下という区別ができ、特に「第一」を冠する官立学校での規定は全国の模範とされ、同様の制服制帽の規定や様式が各地に広まっていった。帝国大学は当時、日本唯一の大学であったため、「角帽」だけで身分と所属を表すことができたが、高等中学校や後の高等学校の場合は各地に設立されたため、「丸帽」という形状だけでは所属を示すことができなかった。そのため、制帽には帽章と白線（ライン）が付けられることとなっていく。特に旧制高等学校の制帽は「白線帽」と呼ばれ、親しまれた。第一高等学校では、高等中学校時代より白線2本が付けられた。

記号としての形状・帽章・白線

　こうした帽子の形状やそこに付けられる帽章・白線が、男子の学校制服文化においては重要である。詰襟学生服と学生帽（角帽・丸帽）という共通の形式の上に、身分と所属を表す"しるし"が付けられ、差別化されていくからである。またその"しるし"は単なる記号ではなく、エリート意識や帰属意識、愛着などの感情が重ねられ、制服文化を彩る重要な要素となるのである。詰襟学生服と学生帽という男子学校制服の成立は、帝国大学における制服制帽の制定と、第一高等中学校における白線付きの丸帽の制定が重なる明治19（1886）年と本書では結論づけたいと思う。最高学府の帝国大学における制服制帽の制定は、男子服装の模範となり、高等教育機関から中等教育機関へ、いいかえれば「上」から「下」へ、詰襟学生服及び学生帽を普及させていく推進力となったと考えられる。

　やがて旧制中学校の制度整備が進み、各地に設立されるようになると、そこでも詰襟学生服と丸帽の制服制帽が広まっていく。このことは、男子の学校制服が帝国大学や旧制高等学校の少数エリートに閉じられた特権的な服装となるだけでなく、大衆層へも広がる浸透力をもっていたことを表している（小学校男子への普及については第Ⅲ部で取り上げる）。こうした普及の厚みが、学校制服を根強く定着させ、今日に至るまで引き継がれる「文化」と成り得たのである。

　第Ⅰ部では、男子学校制服の事例として、先に述べた帝国大学、学習院、旧制高等学校、旧制中学校に加え、被服費が官給された師範学校、私立大学における角帽の着用例としての早稲田大学、詰襟学生服とは異なる背広型の制服を制定した成城学園を合わせて紹介する。当時の制服制帽の様子を窺い知ることのできる写真の他、特に制帽のある風景を選定した。帽子の置き場にも注目してもらいたい。

第1章
帝国大学（東京帝国大学）

　高等教育機関として初めて設置された大学は、明治10（1877）年の東京大学である。東京開成学校と東京医学校を合併、改組し、法・理・文・医学部と予備門を配置した。明治19（1886）年には「帝国大学令」により東京大学と工部大学校を統合した帝国大学が創設され、法・医・工・文・理の分科大学と大学院を設置した。帝国大学では「国家ノ須要ニ応ズル学術技芸ヲ教授シ及其蘊奥ヲ考究スル」ことを目的とし、分科大学は高度な専門教育、大学院は専門教育を支える学術研究が行なわれる場として規定された。分科大学の入学資格は高等中学校（明治27年から高等学校に改称）卒業を原則とし、修業年限は医科大学のみ4年、他は3年とした。また、帝国大学全体の管理権限は総長に集中され、その総長はさらに文部大臣の強い従属下に置かれた。初代帝国大学総長となったのは渡辺洪基である。先述の通り、渡辺は明治12（1879）年に学習院において制服制定を提案し、帝国大学での制服制定について

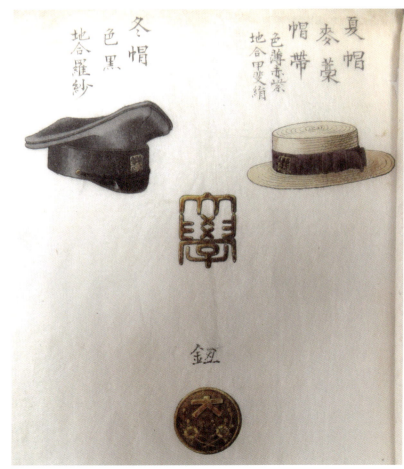

図1-1：帝国大学服制（帽子・鈕）
●明治19（1886）年
冬帽は黒羅紗の角帽、夏帽は麦藁帽子に赤紫の帽帯、いずれも「大学」の帽章を付ける。ボタンは「大」の字が入れられたデザイン。
✣「帝国大学の学生及び選科生服制の伺」
『文部省准允』※東京大学文書館蔵

図1-1

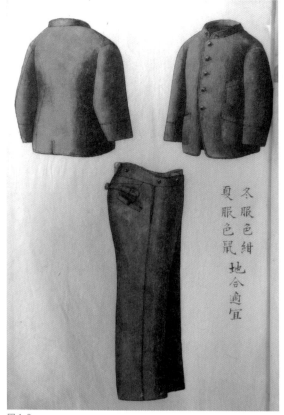

図1-2：帝国大学服制（上衣・下衣）
●明治19（1886）年
詰襟・金ボタンの学生服とズボン。学生服の生地は各自適宜選択でき、冬は紺、夏は鼠が指定されている。
✥「帝国大学の学生及選科生服制の伺」『文部省准允』
※東京大学文書館蔵

図1-2

も関わりをもったと考えられる人物である。

各専門分野の教育研究機関が帝国大学に統合され、学習院における制服制定を経験した渡辺洪基が総長に就任した年に、帝国大学の制服制帽は定められた。この時の制服制帽の図は、明治19（1886）年4月16日に文部省へ上申された文書に掲載されている（図1-1～1-4）。文書には「各分科大学学生及撰科生徒服制別紙図面之通相定メ、来九月十一日以降地合ハ各自ノ便宜ニ任セ調製セシメ、大学へ出入候節ハ勿論常時タリトモ着用為致候様致度、此段乞認可候也」と制服着用が定められている。なお、大学院生には制帽のみの着用とし、「衣服ハ各自便宜ノ洋服」とした。この上申に掲載された制服は、いわゆる学生服としてその後普及する詰襟・金ボタンの形式で、陸軍下士官型をモデルとしたといわれている。制服の形状や色（冬が紺、夏が鼠）の指定はされたが、「地合」すなわち制服の生地には選択の余地が残された。またこの制服にかかる費用は学生により負担され、その調製・注文方法についてもさらなる規定が示されている。「制帽服注文方心得」によれば、学生を監督する「舎監」の指示に従い、大学指定の裁縫店（日本橋の西郷、京橋の丸善・大倉組・森村組、芝の大和屋）に注文することとされた。当時、洋服の制服調製は高額であったと考えられ、規定では月賦払いも認められている（『東京大学百年史』）。

このような制服制帽の私費調製は、帝国大学に限らず、近現代日本の学校制服文化の大きな特徴を成すことになる。すなわち、制服規定は学校から与えられ、規定された制服の費用は着用者やその家庭が負担する仕組みである。帝国大学における制服の私費調製には、大学による学生の監督・管理という意味以上に、教育史の佐藤秀夫が指摘するように「将来の国家を主導するエリート集団構成員としての自負を形成させる、内面的効果」が意図されたとも考えられる（『教育の歴史』）。制服を「お仕着せ」の外的強制とするのではなく、自ら高額な費用を負担し制服を誂えるという主体的な行為により、国家のエリートとしての自覚が生まれるのである。また制服着用により「帝国大学生」というまなざしに晒され、常に自らの役割を意識し、一般と区別される選良性や特権性を誇示することにもなる。国家のエリートを養成するにあたり、こうした服装の効果を利用しようと考えられたのかもしれないが、残念ながら制服規定にその目的が記されていない。

図 1-3

図 1-4

図 1-3：帝国大学服制（襟章）
◉ 明治 19（1886）年
各科の襟章。図では左右に同じアルファベットが付いているが、当時の文部大臣の森有礼が「襟章ハ片側ヲ除クベシ」と意見したと記述されている。卒業アルバムの写真には、襟章は片側だけに付けられている。
✥「帝国大学の学生及び選科生服制の伺」『文部省准允』※東京大学文書館蔵

図 1-4：帝国大学服制（外套）
◉ 明治 19（1886）年
外套の生地も適宜選択とされた。色は紺が指定されている。
✥「帝国大学の学生及び選科生服制の伺」『文部省准允』※東京大学文書館蔵

図 1-5

図 1-6

図 1-7

図 1-5：法科大学の学生（詰襟学生服・角帽）
◉ 明治 41（1908）年 7 月
詰襟学生服・角帽の着用姿。角帽の天井部分の角がよく分かる。襟には法科大学を表す「J」の襟章が付けられ、下に着た白いカラー（立襟）が見える。　✥『卒業記念』※東京大学文書館蔵

図 1-6・1-7：法科大学の学生（紋付羽織／背広）
◉ 明治 41（1908）年 7 月
個人写真には、角帽と制服以外にも、羽織や背広を着用した学生もみられる。
✥『卒業記念』※東京大学文書館蔵

第 1 章 ✤ 帝国大学（東京帝国大学）　21

図 1-8

図1-8：法科大学の講義風景
◉ 明治41(1908)年7月
和服を着用した学生が多い。
❖『卒業記念』※東京大学文書館蔵

図1-9：医科大学の学生
◉ 大正4(1915)年12月
襟には医科大学を表す「M」の襟章が付けられている。
❖『卒業記念』※東京大学文書館蔵

図1-10：医科大学の学生
◉ 大正4(1915)年12月
胸のポケットにペンを入れている学生もいる。
❖『卒業記念』※東京大学文書館蔵

図1-11：医科大学の講義風景
◉ 大正4(1915)年12月
講義室の長机の角に角帽が掛けられている。角帽の置き場も決まっていたようである。
❖『卒業記念』※東京大学文書館蔵

図 1-9

図 1-10

図 1-11

図1-12

図1-12：医科大学の解剖復習
◉大正4(1915)年12月
「デモンストラチオン室」で解剖の復習をする学生。机の上に角帽が置かれている。
✤『卒業記念』※東京大学文書館蔵

図1-13：農科大学の学生（明治23年）
◉大正6(1917)年12月
明治23(1890)年に農科大学が新設された。写真帖には林学教室の歴代卒業生の写真の他、卒業生の家族写真なども多数掲載されている。最前列の学生は、詰襟学生服の上着の上のボタンだけを留め、その下を開けて着ている。
✤『林友会記念』※東京大学文書館蔵

図1-14：農科大学の学生（明治43年）
◉大正6(1917)年12月
全員詰襟学生服を着用している。
✤『林友会記念』※東京大学文書館蔵

図1-15：経済学部の学生
◉大正14(1925)年3月
経済学部は大正8(1919)年に新設された。コートを着用しているが、明治19年の服制に示された外套とは襟の形が異なる。
✤『経済学部卒業記念写真帖』※東京大学文書館蔵

図1-13

図1-14

図1-15

図 1-16

図 1-16：経済学部の学生
◉ 大正14（1925）年3月
襟には経済学部を表す「E」の襟章が付けられている。角帽の天井部分の四角のラインがまっすぐの者もいれば、やや湾曲し、角がせり上がって見えるかぶり方をしている者も見受けられる。
✤『経済学部卒業記念写真帖』※東京大学文書館蔵

図 1-17

図 1-17：大学図書館閲覧室
◉ 大正14（1925）年3月
机には角帽の他に、鞄や手袋、辞書などの持ち物が置かれている。
✤『経済学部卒業記念写真帖』※東京大学文書館蔵

図 1-18

図 1-19

図 1-20

図 1-18：学生控所
◉ 大正14（1925）年3月
外套を着用。
✤『経済学部卒業記念写真帖』※東京大学文書館蔵

図 1-19：文学部哲学科の学生
◉ 大正15（1926）年3月
✤『文学部卒業記念写真帖』※東京大学文書館蔵

図 1-20：文学部仏文科の学生
◉ 大正15（1926）年3月
後列中央の二人は、角帽ではなくソフト帽をかぶっている。
✤『文学部卒業記念写真帖』※東京大学文書館蔵

第2章
学習院

　帝国大学よりも早く私費調製による制服制定を行なったのは学習院である。学習院は、幕末に公家子弟の教育施設として京都に設立されたが、幕末維新の動乱や王政復古など時代の変動を受け、明治3（1870）年にいったん閉鎖されている。その後、明治10（1877）年に天皇制強化に資する華族子弟の育成を目的として、東京神田に学習院が設立された。学習院は華族の教育を目的としたが、創設時より一般の入学者も認め、男女小学と男子中学という学課編成からなる私学であった（明治14年に高等科が設置され、明治17年に宮内省所管の官立学校となる）。

　学習院で制服規定が示されたのは、創立2年後の明治12（1879）年である。当時、学習院次長であった渡辺洪基が立案した。学習院の制服の形状は海軍士官型と呼ばれ、上着は紺（夏は白）の立襟（詰襟）ホック掛け、襟から上着の前合わせの部分、裾にかけて黒の廻縁（夏は白）と赤線の袖章が付けられた。また桜花の徽章の付いた帽子も合わせて制定された。制服が着用され始めた当初、隣にあった東京大学予備門の学生から、その制服姿をからかわれたエピソードが伝えられている。

　隣地の大学予備門の学生からは、此方の生徒を「だぼくら」「だぼくら」と悪口言ふのです。其時分制帽などは仕立方が慣れない為、帽の山が妙に大きく、いやがる少年に強て被ぶせた形は、一寸見ると頭が大きくてだぼ沙魚そっくりなので、斯くあだ名されたのです。処が夫から一年も経つと此の大学予備門の生徒も制服制帽といふ事になったので、今度は学習院の方から「新だぼくら」としっぺ返しをやって居ました。　　（『学習院百年史』）

図2-1：学生制服図
●明治31（1898）年度
明治12（1879）年制定の制服。帽子は丸帽。上着はホック留めの海軍型で、廻縁が襟・前合わせ・裾にめぐらされている。初等科の児童はさらに赤の袖章を付ける。明治18（1886）年に使用が開始されたランドセルの図も掲載されている。
✣『学習院一覧』※学習院アーカイブズ蔵

図2-1

「だぼ沙魚」とはハゼの一種で、頭の大きな魚の特徴になぞらえて、制帽姿が揶揄されたようである。しかし揶揄した側もやがて制帽着用となり、しっぺ返しされるという微笑ましいエピソードである。その後、明治18（1885）年に学習院では背嚢（ランドセル）の使用が定められ、日本で最初にランドセルを通学鞄として使用した学校としても知られる。明治23（1890）年の学生心得によれば、上着のホックを外してはいけない、制服を着用している時は傘や杖を携帯してはいけない、などの規定もあった。また各親王や皇族の生徒は一般生徒とは異なる帽章・襟章が使用された。

学習院における海軍士官型の制服制定は、「学習院学制」の一部として施行されていることに注意を払う必要があるだろう。この学制は渡辺洪基により立案され、学習院教育の基本の確立が説かれている。学制の中で「華族ノ責ニ任ジ自ラ執ルベキ業」として「兵事ヲ第一トス」と掲げられ、さらに「華族ニ海陸軍士官タルヲ勧奨シ、学制亦其預備ヲ目的ノ一ニ置ク」とされた。すなわち、華族に軍人士官となる役割が期待され、そのための教育が目指されたのである。当時の教育内容をみると、男子には「馬術」や「剣槍術」が課され、特に馬術は渡辺が士官育成のために設けた科目で、陸軍士官が教員となり指導が行なわれた。こうした背景から学習院の制服を考えれば、そこに華族に期待された軍人将校としての役割を読み取ることも可能であろう。

図2-2：神田時代の制服姿の生徒たち
●明治10年代
学習院は明治10（1877）年、神田錦町に開校したが、明治19（1886）年の火事により、神田にあった校舎を焼失し、虎ノ門へ移転した。写真は神田に校舎があった時代のもので、制服着用が確認できる最古の写真。「だぼくら」と揶揄された頃か。
※学習院アーカイブズ蔵

図2-2

図2-3

図2-3：四谷時代の制服姿の学生たち
◉明治26(1893)年
虎ノ門に移転後、さらに明治23(1890)年に華族女学校のあった四谷尾張町へ移っている。
※学習院アーカイブズ蔵

図2-4：昭和天皇御学問所制服
大正3(1914)年3月に学習院初等科を卒業した裕仁親王(昭和天皇)が東宮御学問所で着用した制服。制服の形式は学習院と同じホック留めの詰襟型であるが、徽章は異なる。
※学習院アーカイブズ蔵

図2-5：学習院ランドセル
ランドセルを初めて通学鞄として導入したのも、学習院が最初といわれている。もとは兵士が使用していた「背嚢」に由来する。明治18(1885)年に背嚢の使用が生徒心得に定められた。
※学習院初等科蔵

図2-5

図2-4

28　第1部 ❖ 男子の学校制服

図 2-6

図 2-7

図2-6：西洋歴史授業(高等学科)
◉ 大正4(1915)年
大正天皇の即位を記念して学習院が作成した写真帖。
学帽が机の右側に掛けられている。
✣『大礼奉献学習院写真』※学習院アーカイブズ蔵

図2-7：日本歴史授業(中等学科)
◉ 大正4(1915)年
机の左側に鞄。
✣『大礼奉献学習院写真』※学習院アーカイブズ蔵

図2-8：理科授業(初等学科)
◉ 大正4(1915)年
机の左側にランドセルが掛けられている。
✣『大礼奉献学習院写真』※学習院アーカイブズ蔵

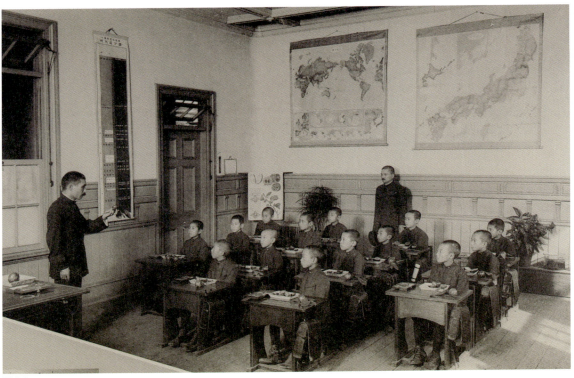

図 2-8

図2-9

図2-10

図2-9：学習院制服姿で三輪車に乗る芳磨王
◉明治43（1910）年10月20日
芳磨王は山階宮家二代の菊磨王の第二王子として明治33年（1900）に誕生。明治40年（1907）に学習院初等科に入学。
※学習院大学史料館蔵

図2-10：学習院初等科時代の藤磨王
◉大正4（1915）年10月5日
藤磨王は菊磨王の第三王子として明治38年（1905）に誕生。明治44年（1911）に学習院初等科に入学。
※学習院大学史料館蔵

図2-11：学習院高等科時代の藤磨王
◉大正11（1922）年1月21日
※学習院大学史料館蔵

図2-12：東京帝国大学の制服制帽姿の藤磨王
◉大正13（1924）年4月27日
学習院から東京帝国大学に進学し、帽子が丸帽から角帽へ、制服がホック留めからボタン留めに変わっている。
※学習院大学史料館蔵

図2-11

図2-12

第3章
旧制高等学校

　旧制高等学校は明治27（1894）年の「高等学校令」（第一次）により、高等中学校が改組され、帝国大学進学への予科教育を行なう機関として設置された。前身にあたる高等中学校は、明治19（1886）年の「中学校令」において、中学校を尋常（五年）と高等（二年）に段階分けしたうちの上位に位置づく官立の学校である。東京、仙台、京都、金沢、熊本に設置された高等中学校がそれぞれ高等学校に改組され、第一、第二、第三、第四、第五高等学校となった。これらは校名に数字が入っていることからナンバースクールと呼ばれ、明治33（1900）年岡山に第六高等学校、翌年鹿児島に第七高等学校造士館、明治41（1908）年名古屋に第八高等学校が設立された。この他、大正7（1918）年の「高等学校令」（第二次）により、官立に加えて公私立の高等学校の設置が認められた。翌年には新潟、松本、山口、松山に官立高等学校が設立されたが、以後これらの高等学校名には地名が冠されていく（ナンバースクールに対して、地名スクールや地名校と呼び分けられる）。

　旧制高等学校の制服制帽については、「弊衣破帽」や「バンカラ」など独特の風俗が形成された点が特筆されるべきことであろう。制服制帽にマント高下駄姿が高校生たちの象徴であった。本章では旧制高校生たちが「弊衣破帽」や「バンカラ」風俗を生み出した背景やそうした文化形成のプロセスを論じるには至らないが、代わりにいくつかのナンバースクールの制服制帽や服装規定および当時の高校生たちの制服姿の写真を紹介する。

　まず第一高等学校では、高等中学校時代の明治19（1886）年5月に帽章と「正帽」が制定された。帽章は、橄欖（オリーブ）の上に柏葉三枚を交差させ、その中央に「一中」の文字を入れたデザインである（高等学校に改組された際、「一中」の文字は取り除かれる）。また、この時の制帽の形状は「角帽」であった。第一高等中学校は東京大学予備門が再編して設置されたため、予備門ですでに着用されていた角帽が定められた。しかし4ヶ月後には、角帽を「丸形」に改める「帽子改造」が行なわれ、丸形に改められた制帽には帽章の他、第一高等中学校本科の生徒には白線2本、同予科の生徒には白線1本を付けることが示された（『第一高等学校六十年史』）。大学生が「角帽」、高校生以下が「丸帽」となった初期の規定である。

　仙台の第二高等学校（以下、二高）には、制帽の白線をめぐるエピソードが伝わっている。二高の前身にあたる第二高等中学校は明治20（1887）

図3-1：一高制帽（復元）
復元された旧制第一高等学校の制帽と帽章。角帽に対して「丸帽」、白線2本が付けられていることから「白線帽」とも呼ばれる。帽章は、柏の葉と橄欖（オリーブ）の葉を交差したもの。柏がマルス（武）、オリーブがミネルヴァ（文）を表し、文武の精神を象徴した（由来には諸説ある）。
❖著者撮影❖東京大学大学院総合文化研究科・教養学部駒場博物館蔵

図3-1

図3-2(3)：[部分拡大]

図3-2：一高制帽
◉昭和20年代
昭和20年代に使用された制帽。弊衣破帽の「破帽」とはこのような状態だろうか。
✤著者撮影※東京大学大学院総合文化研究科・教養学部駒場博物館蔵

図3-2(1)：[表面]

図3-2(2)：[裏面]

年に設立され、本科の他に医学部や予科が設置された。それらの所属を表すため、医学部は制帽に白線3本、本科は白線2本が取り付けられた。当時、本数が多い方が格上という意識があり、もともと医学部生と本科生の間に対立もあったことから、医学部生の白線の本数に本科生が不満を抱き、紛争を起こしたようである。後に医学部は分立・移転し、二高の制帽の白線は2本となった。なお、二高の帽章は「蜂」であるが、イタリアのローマ大学文学部の徽章に由来する、蜂の誠実勤勉さを表すなどの説が言い伝えられている（『第二高等学校史』）。

第三高等学校の前身にあたる第三高等中学校は、大阪に設置された大学分校を再編して設立され、明治22（1889）年に京都に移転した。大阪時代の明治19（1886）年から「高」の帽章の付いた角帽が被られていたが、明治21（1888）年に「中」に「三」の文字を冠した帽章となり、角帽から丸帽に変更された。京都移転後の明治27（1894）年には高等学校に改組され、桜花に「三」の文字の帽章に改められている（『神陵史』）。

帽章や制帽に付けられた白線は、所属する学校の"しるし"であるとともに、旧制高校生たちのアイデンティティともなった。

図3-6：下駄
旧制高校生たちといえば、制服制帽にマント、朴歯の高下駄の「バンカラ」スタイルがよく知られている。
❖著者撮影❖東京大学大学院総合文化研究科・教養学部駒場博物館蔵

図3-4：一高バッジ
❖著者撮影❖東京大学大学院総合文化研究科・教養学部駒場博物館蔵

図3-5：一高ボタン
ボタンは金ではなく黒練で、柏と橄欖の模様が刻まれている。
❖著者撮影❖東京大学大学院総合文化研究科・教養学部駒場博物館蔵

図3-3：一高制服（上衣）
◉昭和20年代
一高の学生服の上着は「背広型」と呼ばれ、前裾が丸く仕立てられている。通常、四番目のボタンの右に小ポケット、五番目のボタンの左右に大ポケットが付けられたようだが、本資料には小ポケットは付いていない。
❖著者撮影❖東京大学大学院総合文化研究科・教養学部駒場博物館蔵

図3-7

図3-7：明治38（1905）年の卒業写真
◉明治38（1905）年7月
当時の一高生と教授たち。7月に撮影されたためか、夏用の淡い生地と冬用の濃い生地の学生服を着用した学生が入り混じっている。最前列の左端に夏目漱石が写っている。漱石はイギリス留学から帰国した明治36（1903）年から、一高と帝大の講師を務めた。
※東京大学大学院総合文化研究科・教養学部駒場博物館蔵

図3-8（1）

図3-8（2）：[部分拡大]

図3-8（3）：[部分拡大]

図3-8（4）：[部分拡大]

図3-8：明治41（1908）年の卒業写真 ◉明治41（1908）年6月
制帽制服の他、制帽に羽織袴、無帽の者などさまざまな装いが確認できる。拡大して見ると、一人ひとり帽子の形やかぶり方が異なる様子や帽子の傷みなども窺える。
※東京大学大学院総合文化研究科・教養学部駒場博物館蔵

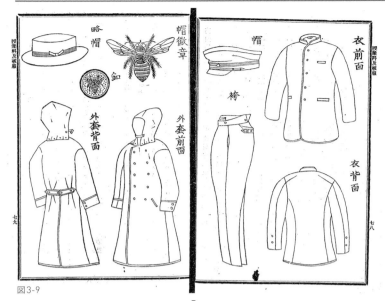

図3-9

図3-9：第二高等学校「授業料及被服」
◉明治42（1909）年度
宮城・仙台に設置された旧制第二高等学校の制服制帽図。二高の帽章は「蜂」で、白線2本が付けられた。
✜『第二高等学校一覧』※国会図書館デジタルコレクション

図3-10：第四高等学校「生徒服制及服装規程」
◉明治37（1904）年度
石川・金沢に設置された旧制第四高等学校の制服制帽図。四高の帽章は「四稜星」で、明治29（1896）年の服装規定から制帽に白線4本が付けられることとなった。
✜『第四高等学校一覧』※国会図書館デジタルコレクション

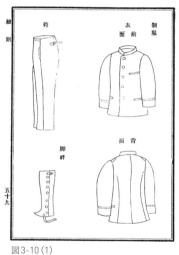

図3-10(1)

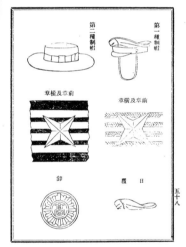

図3-10(2)

図3-11

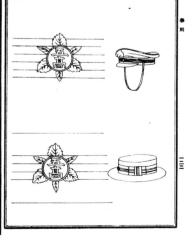

図3-11：第五高等学校「制服」
◉大正8（1919）年度
熊本に設置された旧制第五高等学校の制服制帽図。初期の五高には一高から転出してきた校長や教員が多く、全寮制や寮自治など一高をモデルにした部分があり、帽章も一高と同じ柏と橄欖の葉が用いられ、真ん中に「五高」の文字が入れられた。制帽の白線は当初、本科3本、予科2本、補充科1本だったが、その後の統廃合により白線3本となった。
✜『第五高等学校・第十三臨時教員養成所一覧』※国会図書館デジタルコレクション

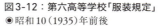

図3-12

図3-13

図3-14

図3-15

図3-12：第六高等学校「服装規定」
◉昭和10(1935)年前後
岡山に設置された旧制第六高等学校の服装規定。六高の帽章は六稜と三重円、白線は2本付けられた。
※六高同窓会蔵

図3-13：六高制帽
◉年代不明
復元品と思われる。
❖著者撮影※六高同窓会蔵

図3-16

図3-14：大正11(1922)年卒の六高生
◉大正11(1922)年
理科甲類（第一外国語が英語）の学生。アルバムには姫路中学校出身者の集合写真と大学の入学・卒業記念の写真があり、姫路中学校から六高、東京帝国大学の工学部へ進学したことが分かる。六高時代にはテニス部に所属している。
※六高同窓会蔵

図3-15：ストーブ会議 ◉昭和5(1930)年
ストーブを囲む六高生。マントを着用した者もいる。後ろにある黒板に描かれたのは、教師の似顔絵か。
※六高同窓会蔵

図3-16：集合写真 ◉昭和4(1929)年
それぞれの制帽の状態も窺える。
※六高同窓会蔵

図3-17

図3-17：授業風景 ◉大正15（1926）年
机の角に制帽が掛けられている。
※六高同窓会蔵

図3-18：授業風景 ◉大正15（1926）年
実験中の机の上に置かれた制帽は相当傷んだ様子である。
※六高同窓会蔵

図3-19：授業風景 ◉昭和5（1930）年
椅子の角に掛けられた制帽。
※六高同窓会蔵

図3-18

図3-19

図3-20：授業風景
◉昭和5（1930）年
一番後ろの机に折りたたまれた制帽が置かれてある。
※六高同窓会蔵

図3-20（1）

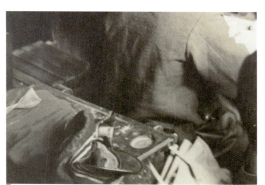

図3-20（2）：［部分拡大］

図3-21

図3-21：六高マーク
◉大正15（1926）年
※六高同窓会蔵

図3-22：寮入口のデコレーション
◉昭和11（1936）年
紀念祭で制作されたもの。
※六高同窓会蔵

図3-22

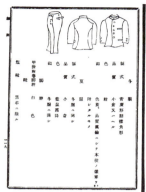

図3-23

図3-24（1）

図3-23：第七高等学校造士館「生徒服装規程」 ◉大正12（1923）年度
鹿児島に設置された旧制第七高等学校造士館の制服制帽図。七高の帽章は、島津公の居城白鶴城に因み、翼をひろげた「鶴」に「七高」の文字が刻まれた。白線は2本付けられた。
❖『第七高等学校造士館一覧』※国会図書館デジタルコレクション

図3-24：七高制帽 ◉昭和16～20年頃
松本にある旧制高等学校記念館が所蔵する七高の制帽。鶴の帽章が確認できる。材質はスフ。
❖著者撮影※旧制高等学校記念館蔵

図3-25：大正15（1926）年卒の松本高等学校生 ◉大正15（1926）年
松高の帽章は、旭日と松のモチーフに「高」の文字が入れられている。
※旧制高等学校記念館蔵

図3-24（2）

図3-25

第3章 ❖ 旧制高等学校

図3-26

図3-26：自転車に乗る松高生　●年代不明
足もとは下駄履きである。
※旧制高等学校記念館蔵

図3-27

図3-27：休み時間の教室
●昭和9（1934）年
制帽が椅子に掛けられている。
※旧制高等学校記念館蔵

図3-28：ポスターを貼る松高生
●昭和9（1934）年
手拭いをズボンの後ろに引っかけて持ち歩くのも、旧制高校生たちのスタイルであった。
※旧制高等学校記念館蔵

図3-28

図3-29

図3-29：集合写真
◉昭和初期
松高紀念祭のデコレーション前での記念撮影。羽織袴に白線帽の学生たちも混ざっている。
※旧制高等学校記念館蔵

図3-30

図3-30：ぶどうを狩る松高生
◉昭和18（1943）年
ぶどうの産地ならではの記念写真。
※旧制高等学校記念館蔵

図3-31

図3-31：スケート
◉昭和初期
凍った松本城の内堀でスケートを楽しむ松高生。
※旧制高等学校記念館蔵

図3-32：蕎麦屋
◉昭和18（1943）年
松本市街地には松高生行きつけの食堂や甘味処があった。
※旧制高等学校記念館蔵

図3-32

図3-33：鶴林堂書店 ◉昭和14（1939）年
本を手にとる松高生。マントに下駄を履いている。
※旧制高等学校記念館蔵

図3-34：履物のある風景
◉昭和14（1939）年
革靴、下駄、草履など。
※旧制高等学校記念館蔵

図3-35：洗濯物を干す松高生
◉昭和14（1939）年
学生服の下に着た下着の様子が窺える。
※旧制高等学校記念館蔵

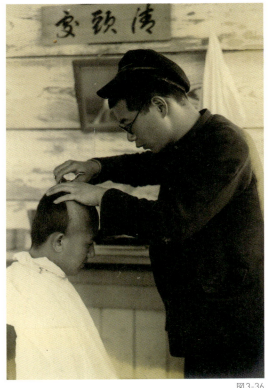

図3-36：散髪する松高生　●昭和18（1943）年
お互いに散髪しあった。
※旧制高等学校記念館蔵

図3-38：第一高等学校紀念祭絵はがき
●大正8（1919）年
一高をはじめ旧制高校では、年に一度自治寮の誕生を祝う「紀念祭」が開催された。一般にも開放され、寮生による演劇や仮装行列が披露された他、絵はがきや手拭いなどが販売された。絵はがきの図案は寮生より募集し、寮生活が描かれることが多かった。
※個人蔵

旧制高等学校・校章のあんない

図3-37：各高等学校の校章
旧制高等学校記念館で販売されている校章の手拭い。終戦までに外地を含め、官公私立の旧制高等学校が各地に設立された。校数については諸説あり、ここには41校の旧制高等学校の校章が掲載されているが、ここから東京商大、神戸商大、旅順工大の予科を除く、38校の説もある。
※旧制高等学校記念館蔵

第4章
旧制中学校

　明治19（1886）年に公布された「中学校令」では、尋常中学校は公私立として設立が認められたが、地方税による府県立中学校の設置は一校と限定された。明治24（1891）年の中学校令改正により尋常中学校の設置基準が緩和、次第に増加する進学希望者を受け入れるために中学校の増設が企画された。日清戦争後には各地で中学校（明治27年に高等中学校が高等学校と改称されたことに伴い、尋常中学校は「中学校」と改称される）の設立運動が起き、明治32（1899）年に中学校の設置制限が撤廃されると、各地に中学校が設置されていくようになる。

　この中学校設立ブームの時に、随筆家・文学者の生方敏郎（1882－1969）は群馬県の沼田に新設された中学校に進学し、次のような制服に関するエピソードを残している。

>　如何せん、総て俄かのことであるのに、町には（略）老いぼれた洋服屋が一軒しかなく、制服は二百組も至急入用というのだから間に合わない。そこで或請負師が聯隊から払い下げの古服をウンと仕入れて来て、ズボンが長ければズボンの先を切り、袖が長ければ袖を切って、三、四日の中に拵え上げた。代価は冬服一組が二円というのだ。靴も兵隊靴で、靴下を二、三枚履いてもまだ大きく、駆け足をすると靴だけぬけて後ろへ遠くけし飛んだ。
>
>　　　　　　　　　　（生方敏郎『明治大正見聞史』）

　新設中学校で俄に必要となった制服を調製するため、古軍服を利用したというのである。詰襟学生服の形式は軍服に由来したといわれるが、この場合は本物の軍服が使われている。また制服に合わせる靴も軍隊からの払い下げであり、もともと本人に合わせて作られたものでないため、当然サイズが合わなかっただろう。飛んでいく靴のユーモラスな描写が、俄にできた中学校とサイズの合わない制服の様子を伝えてくれる興味深いエピソードである。

　ここで紹介する旧制岡山県立矢掛中学校は、この時代の中学校設立の要望を受け、県内の激しい中学校誘致運動の結果、明治34（1901）年に設置が認可された中学校である。翌年に開校し、初代校長に泉英七が就任した。泉校長は着任後、矢の根を左右から向かい合わせ、その間に「中」の文字を入れた徽章（帽章）を考案した。矢掛という地名を表す「矢」にちなみ、目的を貫くためにまっすぐ突き進む勇往邁進の意味をもたせたという（岡山県立矢掛高等学校『創立100周年記念誌』）。卒業アルバムは昭和6（1931）年のものであるが、大正期以降盛んとなるスポーツおよび運動部の写真が掲載されている。特に運動部別のユニフォームが見どころである。

　またもう一つここで紹介する旧制静岡県立静岡中学校の歴史はさらに古く、創立は明治11（1878）年静岡師範学校内への設置を嚆矢とする。その後、

図4-1

図4-1：岡山県立矢掛中学校の帽章
矢掛という地名にちなみ、「矢」の根を向い合わせ「中」の文字を入れた帽章。まっすぐに突き進む勇往邁進の意味を込めたという。
❖『創立100周年記念誌』(2001)※岡山県立矢掛高等学校

明治19（1886）年の中学校令により、県内5つの中学校が同校に統合され、師範学校より分離独立、県唯一の静岡尋常中学校となった。当時、生徒の帽子には「中学」の文字が入れられた。その後、明治34（1901）年の制服規定では帽子に赤い線を付け、同校生徒の"しるし"とした。大正13（1924）年からは、星形に「中」の文字を入れた帽章が使用されるようになった。制服の規定は、明治20（1887）年に最初の規則が示され、明治31（1898）年までにほぼ確立し、詰襟学生服に丸帽の制服制帽が定着した（『静中静高百年史』）。卒業アルバムはやや時代が下る昭和15（1940）年頃の個人アルバムである。同校では昭和14（1939）年にスフ素材の国防色（いわゆるカーキ色）の制服、昭和16（1941）年に丸帽の学生帽が廃止され、戦闘帽が着用された。アルバムはちょうど戦時下の影響を受け始めた時期にあたる。学生帽はまだ着用されており、個人写真からは星形の帽章を確認することができる。

図4-2：卒業生個人写真
◉昭和6（1931）年3月
詰襟学生服を着用。襟には「Y」の襟章が付けられている。校名のイニシャルであろう。
✣岡山県立矢掛中学校『卒業記念写真帖』※個人蔵

図4-3：卒業生個人写真
◉昭和6（1931）年3月
胸のポケットに手帳やペンが入れられている。
✣岡山県立矢掛中学校『卒業記念写真帖』※個人蔵

図4-2

図4-3

図4-4

図4-5

図4-6

図4-7

図4-4：「弁論の雄者」
◉昭和6（1931）年3月
制帽（丸帽）をかぶっている。
✣岡山県立矢掛中学校『卒業記念写真帖』※個人蔵

図4-5：「武道の精鋭」
◉昭和6（1931）年3月
写真タイトルは卒業アルバムに記載されたもの。アルバムの写真に添えられた文章にも、当時の学生生活の様子が表れている。
✣岡山県立矢掛中学校『卒業記念写真帖』※個人蔵

図4-6：「スポーツの華」
◉昭和6（1931）年3月
校名のイニシャル「Y」を付けた白シャツに白のズボン。
✣岡山県立矢掛中学校『卒業記念写真帖』※個人蔵

図4-7：「籠球部の闘将」
◉昭和6（1931）年3月
バスケットボール部のユニフォーム。中央に優勝杯。祝いの花輪も華やかである。
✣岡山県立矢掛中学校『卒業記念写真帖』※個人蔵

図4-8

図4-8:「蹴球部の面々」
◉昭和6(1931)年3月
サッカー部のユニフォーム。上衣のシャツは長袖。それぞれの部において異なるユニフォームが面白い。
✤岡山県立矢掛中学校『卒業記念写真帖』※個人蔵

図4-9:静岡県立静岡中学校の卒業アルバム
◉昭和15(1940)年頃
正門前で撮影された集合写真。本アルバムは個人が制作したもので、制作者自身の書き込みがある。
※個人蔵

図4-10:静岡中学校建物入口
◉昭和15(1940)年頃
建物に静岡中学校の徽章が付けられている。
※個人蔵

図4-11:同校集合写真　◉昭和15(1940)年頃
※個人蔵

図4-9

図4-10

図4-11

第4章 ❖ 旧制中学校　47

図4-12

図4-12：同校集合写真
◉昭和15（1940）年頃
夏服の淡い色の生地の学生服が着用されている。
※個人蔵

図4-13：舟の前にて
◉昭和15（1940）年頃
※個人蔵

図4-14：同校集合写真　◉昭和15（1940）年頃
背景の塔に「紀元二千六百年」の文字が見える。奈良を訪れた際に撮影された写真。脛にゲートルを巻いている。
※個人蔵

図4-15：個人写真　◉昭和15（1940）年頃
星形の帽章。
※個人蔵

図4-13

図4-14

図4-15

第5章
師範学校

　学校教育を支える要となる教員養成制度の確立も、教育制度構築の重大な課題であった。文部省は「学制」公布に先立ち、明治5（1872）年5月に最初の官立師範学校を東京に設立した。当初アメリカ人教師スコットの指導のもと、アメリカ式の小学校教育法が教授されたが、やがて全国で使用される日本独自の教科書や教則を編纂し、小学校教育における指導的な役割を果たしていく。明治6（1873）年以降、大阪や宮城、愛知、広島、長崎、新潟、および東京に女子の官立師範学校が設立されたが、後に地方における教員養成は府県立の師範学校へ移行し、官立は東京に設立された男子の東京師範学校と女子の東京女子師範学校のみとなった。

　ここで取り上げる東京高等師範学校は、最初にできた官立師範学校の流れをくみ、明治19（1886）年の「師範学校令」により、中等学校教員を養成する高等師範学校となった。師範学校令のもとでは、「順良」「信愛」「威重」の三気質が掲げられ、その養成のために兵式体操や行軍旅行、寄宿舎における兵営的運営などが実施された。とりわけ兵式体操の導入が、師範学校における制服制定の大きな動機となり、この時に洋服（形状不明）および制帽（十六弁の菊花に「高師」の二字を配した帽章）の着用が定められた（帽章は明治36年に五三の桐葉形に「高師」の文字を配したものとなっている）。兵式体操と寄宿舎での生活については、明治20（1887）年に入学した学生の次のような回想がある。

　兵式教練は毎日午後二時間位あって中々厳しいので、最初はしゃがむ事も出来ず、二階の寝室への昇降にも苦しみ、夜中痙攣が起きて寝台から転がり落ちる者もあった。（略）一室は十人以下で各人に幅三尺位の上下三段に仕切った棚が与へられ、制服・襦袢・袴下等を正しく折畳んで収め、棚の下に背嚢・剱帯・靴等を順序正しく吊した。朝起きるから寝るまで、皆喇叭で時間が知られ、人員検査は朝と夜とあった。制服は外出用と稽古用とあって、稽古用はヘルで、夏

図5-1：東京高等師範学校の化学実験室
◉明治45（1912）年
師範学校でも詰襟学生服が着用された。
✣東京高等師範学校『紀念』※個人蔵

図5-1

図5-2:東京高等師範学校の動物実験室
◉明治45（1912）年
✤東京高等師範学校『紀念』※個人蔵

冬同じもの、外出用は羅紗の中々瀟洒たるもので
よく目立った。

（東京文理科大学・東京高等師範学校『創立六十年』）

　授業だけでなく、日常生活の至るところまで徹底管理され、軍隊式の教育が行なわれていたことが分かる。なお、師範学校令以降、官立師範学校での授業料および寄宿費は支給され、被服費も官費により賄われた。この点は自費支弁の学校制服とは異なり、むしろ軍服のあり方に近い制服制度である。卒業アルバムは明治45（1912）年のものであるが、この当時の学生に対する取締りは依然として厳しく、この後、大正3（1914）年に和服での外出と夏期の略帽使用が許可されたり、大正5（1916）年には外套の規定が示され、マントの着用が禁止されたりしている。アルバムからは制帽の形状が丸帽であることが分かる。
　もう一つここで取り上げる京都府師範学校は、明治9（1876）年に設立された。同校では師範学校令の公布以前から体操が奨励され、徒手体操や器械体操、剣術や柔術などを実施しており、明治17（1884）年にはいち早く兵式体操を導入、その際の服装として白ネルの襦袢と白木綿のズボン（当時「アンドン」と呼ばれた）が着用されている。同年、生徒側から制服制帽制定の申し出があり、陸軍士官の軍服に模した「黒小倉地詰襟ホック止め」の制服と、「×」の帽章が付いた制帽が制定された。文部省は明治19（1886）年に府県立尋常師範学校の男子学生への「学資支給要項」を示し、中でも被服については「冬衣袴」「夏衣袴」「冬シャツ袴下」「夏シャツ袴下」（入学初年に各2組、次年より各1組を給与）、「外套」（在学中1枚）、「靴」「脚絆」（1年各2足）、「徽章つき帽子」（在学中2個）、靴下（1ヶ月2足）の9種類を支給する方針をたてた。同校は、兵式体操にしても洋式の制服制帽にしても、文部省に先がけて導入した師範学校であった。その後、明治20（1887）年には、小倉地詰襟で冬は黒、夏は白の上着に同色のボタンの付いた制服と、赤線3本が入り「師」の文字の帽章が付いたドイツ型の制帽に改正され、さらに明治35（1902）年にはフランス型の制帽となり、帽章のデザインにも変更が加えられた。卒業アルバムは大正6（1917）年のものであるが、大正期には制服のボタンが徽章入りの金ボタンとなり、夏服の生地が霜降小倉地に改められた以外には、明治期に制定された制服が引き続き着用された（『京都府師範学校沿革史』）。

図5-3:東京高等師範学校の徽章
◉明治45（1912）年
卒業アルバムに刻印された同校の徽章。五三の桐葉に「高師」の文字。
✤東京高等師範学校『紀念』※個人蔵

図5-4　　　　　　　　　　図5-5　　　　　　　　　　図5-6

図5-7

図5-8

図5-4：個人写真　◉明治45（1912）年
首もとに「H」の襟章。明治36（1903）年に徽章（帽章）が改定された際、襟章も予科「Y」、本科「H」、研究科「K」、撰科・専修科「S」に改められた。写真は襟章より本科学生であることが分かる。
✤東京高等師範学校『紀念』※個人蔵

図5-5：個人写真　◉明治45（1912）年
五三の桐葉の徽章の付いた制帽（丸帽）をかぶっている。
✤東京高等師範学校『紀念』※個人蔵

図5-6：個人写真　◉明治45（1912）年
髪型にはどのような規則があったのだろうか。
✤東京高等師範学校『紀念』※個人蔵

図5-7：京都府師範学校正門
◉大正6（1917）年
京都府師範学校は、開校時には京都御苑内の建物が校舎に充てられた。その後、明治21（1888）年に京都府中学校の移転跡地である旧会津藩屋敷跡に校舎を移転した。この後も師範学校女子部の統合・分離を含め、校舎は移転を繰り返したが、既存の建物を校舎として利用し、移転費用を低廉に抑える工夫がされた。
✤京都府師範学校『卒業記念写真帖』※個人蔵

図5-8：図書室　◉大正6（1917）年
校舎や寄宿舎では常に制服を着用しなければならなかったが、明治36（1903）年から、寄宿舎のみ和服に袴の着用が許された。
✤京都府師範学校『卒業記念写真帖』※個人蔵

第 5 章 ❖ 師範学校

図5-9

図5-10

図5-9：洗面場　大正6(1917)年
平日の生徒の生活は、午前6時起床、晴天時には運動場で体操、掃除・洗面後、7時朝食、8時まで朝の自習、8時始業、15時終業、17時夕食、19～20時第一自習、15分休憩、21時まで第二自習、21時点検、22時消灯であった。
❖京都府師範学校『卒業記念写真帖』※個人蔵

図5-10：自習室　●大正6(1917)年
寄宿舎内では、授業・外出・就寝以外は制服を着用して自習室にいることが原則とされた。夕食後の2時間は「沈黙時間」として自習が励行された。
❖京都府師範学校『卒業記念写真帖』※個人蔵

図5-11：個人写真　●大正6(1917)年
制帽着用。詰襟の上に白いカラーが見える。
❖京都府師範学校『卒業記念写真帖』※個人蔵

図5-12：個人写真　●大正6(1917)年
❖『卒業記念写真帖』※個人蔵

図5-13：個人写真　●大正6(1917)年
コートを着用。同校の規則ではないが、東京高等師範学校では旧制高校生の象徴となったマントの着用が禁止され、外套の規定が示されている。
❖京都府師範学校『卒業記念写真帖』※個人蔵

図5-11

図5-12

図5-13

第6章
早稲田大学

　早稲田大学の前身となる東京専門学校は、明治15（1882）年に大隈重信を中心として創立された。発足時には政治経済学科、法律学科、英学科、理学科の4科が設けられた。明治35（1902）年に早稲田大学に改称し、2年後に専門学校令の認可を受けた。当時、大学は官立の帝国大学のみであったが、大正期に入り公私立の大学の設置を認めた「大学令」が公布されると、大正9（1920）年に政治経済・法・文・商・理工の5学部からなる私立大学として認可された。

　早稲田大学において制服制帽の規定が出来たのは、大学に改称される機運が高まった時期である。明治33（1900）年に、「背広洋服」に徽章の入ったボタンを付けた制服と、イギリスケンブリッジ大学の帽子に模した制帽（「専」の文字）が制定された。この時の制帽は庇（ひさし）がなく、黒い絹糸の房の付いた角帽（大学の卒業式でアカデミックガウンとともに用いられる帽子）であった。庇が付いた角帽は、明治37（1904）年に洋服店の高島弥七郎が考案したと伝えられている。帽章はその後、明治40（1907）年に稲葉の上に「大学」の文字が入ったものに改められた。制服制帽の着用規定は示されたものの、明治末頃までは羽織袴の和服の学生がほとんどで、洋服の制服着用者は稀だったようである。大正期になると制服着用者が増加し、昭和11（1936）年の個人アルバムには、ほとんどの学生が詰襟学生服の姿で写っている。

　早稲田大学の場合は、最初に制服制帽が制定された時点で、帝国大学や師範学校、旧制高等学校や旧制中学校で詰襟学生服や学生帽の着用が普及し、男子学生の身分（大学生・高校生・中学生）やその所属を表す記号体系がほぼできあがっていたため、当初制定された庇のない角帽は、官立の諸学校とは異なる早稲田独自の"しるし"となったと思われる。しかしその後、大学生を象徴する角帽に取って替られ、男子制服の記号体系に組み込まれていった。

図6-1

図6-1：早稲田大学服制　大正2年度
◉大正2（1913）年度
角帽と詰襟学生服の様式を示した服制。角帽の裏面（内側）には、学生証を入れる「隠シ」（ポケット）を付けるよう定められている。
❖『早稲田大学一覧』大正2年度※国会図書館デジタルコレクション

図6-2：大隈邸における政治経済学科卒業生
◉大正5（1916）年度
角帽に羽織袴のスタイルである。帝国大学の角帽に比べ、帽子の天井部分が平らに見える（座布団帽のあだ名もあったという）。
❖『早稲田大学政治経済学部卒業記念帖』❖早稲田大学大学史資料センター蔵

図6-3：詰襟学生服を着用した早大生
◉大正5（1916）年度
政治経済学科の「P」の襟章を付けている。
❖『早稲田大学政治経済学部卒業記念帖』❖早稲田大学大学史資料センター蔵

図6-4：角帽に和装の早大生
◉大正5（1916）年度
着物の下にシャツを着ている。
❖『早稲田大学政治経済学部卒業記念帖』❖早稲田大学大学史資料センター蔵

図6-5

図6-6

図6-7

図6-8

図6-5：経済学科の講義風景
◉大正5（1916）年度
机の端に角帽が掛けられている。角帽の置き場所は、学校が違えど同じようである。
✥『早稲田大学政治経済学部卒業記念帖』
※早稲田大学大学史資料センター蔵

図6-6：物理学講義室
◉大正2（1913）年
右の手前に学帽が置かれている。
✥『わせだ 早稲田大学創立三十年記念写真帖』※早稲田大学大学史資料センター蔵

図6-7：図書館内閲読室
◉大正5（1916）年度
✥『早稲田大学政治経済学部卒業記念帖』
※早稲田大学大学史資料センター蔵

図6-8：早稲田鶴巻通りの制服制帽店
◉大正5（1916）年度
道路の左側に制服制帽店がある。
✥『早稲田大学政治経済学部卒業記念帖』
※早稲田大学大学史資料センター蔵

図6-9：銅像前での記念撮影
◉昭和11（1936）年
角帽に詰襟学生服。
※個人蔵

図6-10：授業風景
◉昭和11（1936）年
机の上に角帽が置かれている。モダンな髪型。
※個人蔵

図6-11：高田馬場駅にて
◉昭和11（1936）年
中央に写る学生は、二重廻しを着用している。
※個人蔵

図6-12：ギターを奏でる早大生
◉昭和11（1936）年
下宿先の生活。
※個人蔵

図6-13

図6-14

図6-15

図6-13：下宿にて ●昭和11（1936）年
壁に角帽とソフト帽が掛かっている。
※個人蔵

図6-14：カフェにて ●昭和11（1936）年
※個人蔵

図6-15：臨時休業の看板 ●昭和11（1936）年
卒業試験延期の掲示か。
※個人蔵

図6-16：バスを待つ早大生 ●昭和11（1936）年
※個人蔵

図6-16

図6-17

図6-18

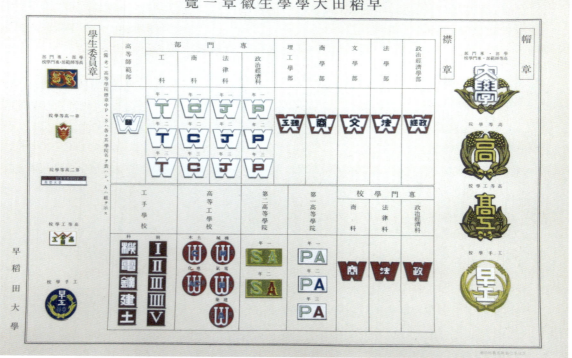

図6-19

図6-17：個人写真 ●昭和11(1936)年
※個人蔵

図6-18：個人写真 ●昭和11(1936)年
※個人蔵

図6-19：早稲田大学学生徽章一覧 昭和15年度 ●昭和15(1940)年度
大学から高等学院、工手学校までの帽章や各専攻を表す襟章の一覧。襟章は早稲田の「W」の文字の上に、それぞれの専攻のイニシャルが入れられている。
※早稲田大学大学史資料センター蔵

第7章
成城学園

　ここまで詰襟学生服と学生帽が着用された学校の服装規定や制服着用写真を紹介してきたが、最後に「背広型」の制服と「おかま帽」を着用した成城学園（旧制高等学校・旧制中学校・小学校）の事例を取り上げたい。成城学園の始まりは、大正6（1917）年に澤柳政太郎によって設立された私立成城小学校である。澤柳は「個性尊重の教育」を掲げ、児童の自発的な自学自習をもとにした教育方法を目指し、さまざまな教育実践を試みた。こうした成城学園の個性尊重の教育主義は、明治期までの詰め込み型の画一教育を批判し、大正デモクラシーの風潮のもとで展開した大正新教育運動を背景にもっていた。成城学園の他にも、羽仁もと子・吉一夫妻の自由学園や西村伊作の文化学院などが設立され、個性尊重や自由主義を掲げた教育が実践された。大正期の新教育運動の流れの中で設立されたこれらの学校では、これまで紹介してきたような詰襟学生服と学生帽を制服制帽として制定していない。個性尊重の教育方針は、一律の型にあてはめる制服の性質になじまないからである。画一主義の教育とともに画一的な制服のスタイルが否定され、服装自由の方針や詰襟学生服や学生帽とは異なる様式の服装がこれらの学校では採用された。

　成城小学校では当初服装は自由だったが、しばらくして背広、ネクタイ、半ズボンの共通の服装ができ、帽子だけお揃いの「おかま帽」を被ったようである。この「おかま帽」は「茶色のラシャ地のつば広帽」で、フェルトでできた桜の花の徽章が縫いつけられた。大正11（1922）年に設立された成城第二中学校でも「おかま帽」はかぶられ、さらに大正15（1926）年に7年制の成城高等学校が設立された際も引き継がれた。成城学園を象徴する帽子であるといえる。

　しかし昭和期に入ると、生徒の中に「おかま帽」や背広型の制服を否定し、学帽や詰襟学生服の着用を求める運動（白線運動と呼ばれた）を起こす者が出てきたという。『成城学園時報』には、こうした動きに対する批判の記事や成城学園の服装改革

図7-1：小学校のクラス写真
◉大正14（1925）年
小学校男女共学最初の組（白百合組）。男子児童は、「おかま帽」をかぶっている。
※成城学園教育研究所蔵

をめぐる議論が多数掲載されている。昭和8 (1933)年には教練のための教練服と教練帽が制定されたが、「おかま帽」と背広の制服は成城学園の精神を表す服装として守り続けられた(『成城八十年』)。

図7-2：小学校サッカーチーム
◉大正12(1923)年
背広にネクタイの児童の他、詰襟学生服の上着を着た児童も確認できる。
※成城学園教育研究所蔵

図7-3：成城第二中学校の入学写真　◉大正11(1922)年
「おかま帽」は和服に合わせてもかぶられた。
※成城学園教育研究所蔵

図7-4：森の修身授業
◉昭和初期
修身の授業は「森の学校」と呼ばれた。成城学園では「自然に親しむ教育」が行なわれた。写真に写る生徒たちは成城の背広型の制服を着用している。
※成城学園教育研究所蔵

図7-5

図7-6

図7-5：旧制高等学校尋常科（中学）修学旅行
●大正13（1924）年頃
「おかま帽」は小学校だけでなく旧制高等学校でもかぶられた。
※成城学園教育研究所蔵

図7-6：成城学園演劇部
●昭和初期
当時の成城の演劇部は小学生から旧制高校生までの児童・生徒が共に活動していた。写真の最前列に写る女子2名は小学生。
※成城学園教育研究所蔵

図7-7：成城高等学校「教練」の時間
昭和7（1932）年から教練の時間が成城においても重視されるようになり、翌年に教練服が制定された。
※成城学園教育研究所蔵

図7-7

第7章 ◈ 成城学園

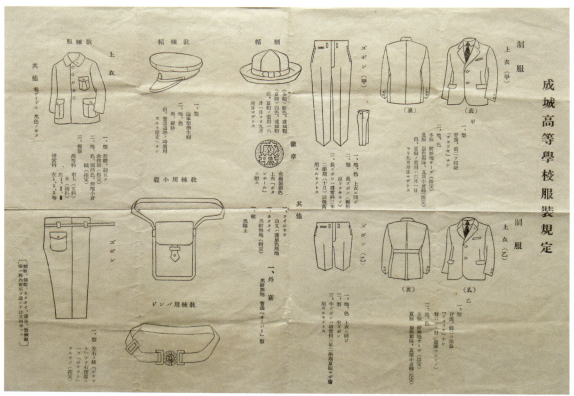

図7-8

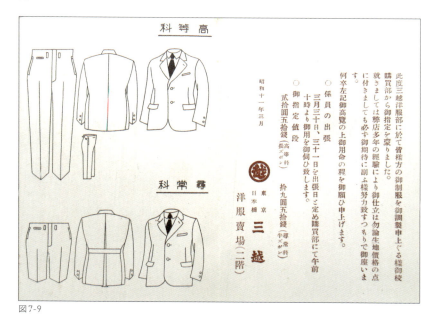

図7-9

図7-8：成城高等学校服装規定
●昭和13（1938）年頃
旧制成城高等学校の制服は、背広型のスーツであった。旧制高校生はじめ帝大生やその他の男子学生たちが詰襟学生服を着用する中で、この背広型の制服は一際異彩を放ったものと思われる。帽子も「おかま帽」といわれる独特の形式であった。
※成城学園教育研究所蔵

図7-9：三越の制服調製案内
●昭和11（1936）年
成城学園の制服は三越で調製が行なわれた。高等科は20円50銭、尋常科は19円50銭と、当時の価格も掲載されている。
※成城学園教育研究所蔵

第 II 部

女子の学校制服

袴からセーラー服へ

女子の学校制服といえば、現在ではセーラー服やブレザーが主流であるが、明治時代の女子制服は「袴」であった。和服の袴は、今では女子大学生の卒業式の定番服装である。女子向けの袴は襠（まち）のないスカート状をしているが、この様式が考案されたのは明治時代のことで、華族女学校の学監を務めた下田歌子によるといわれている。女子の袴は近代になって新たに生み出された「和服」であり、女学生を象徴する衣服として定着をみせる。

女子制服としての「袴」

　女子の学校制服の成立として筆者が考えるのは、明治30年代に着用され始めた「袴」である。男子の場合は「洋服」の形式が初期より採用され、その後大きな変化をとげることはなかったが、女子の場合は「和服」の応用・変化の過程を含み、細かな変遷をたどった。和服の応用・変化と表現したのは、前近代において袴は男性（武士）の衣服であり、近代に入ってから女性向けの袴が創案され、和服のジャンルに位置づけられたと考えるからである。和服という言葉自体も、前近代には使用されておらず（そもそも使用される必要がなかった）、外来の服装様式が導入されて初めて、「旧来の」あるいは「われわれの」服装という区別の総称が生まれたのである。

　近代国家の建設にあたって、欧米の進んだ技術や制度を導入し国際化する方向と、天皇制を基軸として国民化する方向の政策が、各方面における「近代化」を推し進める両輪となっていく。服装の面においても、「国際化（洋服化）」と「伝統化（和服化）」の両方向の動きがみられ、そのうち後者はとりわけ女性の服装分野において担われた。明治天皇・皇后の御真影においても、天皇が軍服という洋服姿となる明治6（1873）年から、皇后が天皇と同じく洋服姿となる明治21（1888）年の間は、天皇（男性）が国際化様式の軍服、皇后（女性）が公家女性の伝統的装束である桂袴を着用している（皇后の肖像および服装については、若桑みどり『皇后の肖像』、サリー・ヘイスティングス「皇后の新しい衣服と日本女性」を参照のこと）。また一般においても、例えば、婚礼衣裳として男性は洋服、女性は和服という組み合わせがある時期までは典型となる。

　このような男女の差異が、男子の詰襟学生服（洋服）と女子の袴（和服）にも当てはまる。このことは洋服導入の単純な遅れではなく、服装における近代化のもう一つの現れといえるであろう。女性服装に担われた服装の伝統化（和服化）は、明治以降の社会（身分）制度の変化に呼応しながら、在来の様式を改編し、洋服に並ぶ和服の新たな価値体系を創造する動きであった。さらに近代学校制度の確立に伴い、学生・生徒・児童という新たな社会集団・社会身分が生じ、彼らを象徴する服

装が体系化されていく。明治30年代に普及する女学生の袴は、女子教育制度の整備と服装の近代化を背景として成立した新しい服装スタイルなのである。

高等女学校での私費調整

　さて、袴を穿いて新たな社会集団を形成したのは「女学生」といわれる身分の中等学校の生徒である。明治32（1899）年に高等女学校令が公布され、小学校に続く女子の中等教育機関が整備された。この高等女学校に通う生徒が袴という女子学校制服を成立させたと筆者は考えている。もちろんこれ以前にも女子師範学校や私立の女学校は存在したが、師範学校の場合は被服費が官給され、学校制服の一つの特質となる私費調製のあり方を生み出す起源とはならなかった。また私立の各種女学校では、その学校の生徒を表す服装は形成されたが、女学生一般を表す服装を成立させるほどの影響力はもてなかったと思われる。公教育において女子教育制度の整備が進み、公立の高等女学校が全国各地に設置されたことが、女子制服の成立にとって重要であったといえる。高等女学校では授業料や被服費は私費であり、ここで制服の私費調製のあり方が確立するのである。

袴の奨励と女子体育

　高等女学校では、中流以上の女子を対象とした「良妻賢母」の育成が目指された。この点も男子とは異なる。男子の場合は各種の専門的職業に就き、国家や社会を支える人材の育成が目指されたが、女子の場合には家庭において夫を支え、子どもを育てる役割が期待された。高等女学校では、女性としてとるべき言動や精神に関わる教育の他、将来国家を支える子どもを生むために健康な身体の育成が求められた。とりわけ女子体育が振興されるのは日清戦争以後である。対外戦争を経験し、日本人兵士の罹患率の高さが問題となり、国民全体の健康が政策課題となった。女子教育では、身体の発育期にある女子に活発な運動をさせ、健康な身体を獲得することが求められたが、その際、問題となったのが服装であった。着流しの着物では十分に身体を動かすことができず、服装改良の議論や実践が取り組まれ始めた。袴は着流しの着物の欠点を補う服装として、為政者の目に留まり、着用が推奨されたのであった。

袴の持つ象徴性

　体育の振興策の一つとして袴の機能性が評価された一方、着用者の女学生たちは袴に対して別の価値を見出していた。袴の象徴性である。もともと宮中において高貴な身分の女性たちが袴を穿いていたことから、袴には特権的な意味が付与されて

いた。そうした高貴なイメージのある袴に対し、憧れや着用願望が女学生の間に抱かれたと考えられる。当初、皇族や華族の子女が通った跡見女学校や華族女学校（後の学習院）で限定的に穿かれていたが、明治30年代に公私立の一般女子の通う高等女学校にも波及していき、やがて女学生の服装を象徴する衣服として定着をみるに至るのである。いくつかの学校では、生徒が自主的に袴を着用して登校したり、校長に袴の着用を願い出たりした事例があり、積極的に袴の着用を受容していった様子が窺われる。

徽章誕生と女子学校制服の成立

その後、袴にはそれぞれの所属する学校の"しるし"が付けられていく。袴が普及していくのと同時期に、男子学生と女子学生の恋愛などのスキャンダル記事が世間を賑わせ、学校外での取締りの目印として、袴の腰に付けるバンド型の徽章や袴の裾に縫い付けるライン（袴章）が制定された。女学生という「身分」を表す袴に、さらに「所属」を示す徽章が付いたこの段階を、女子学校制服の成立とする。女学生という社会集団への「同一化」と所属する各学校の「差別化」が服装の上に成り立ち、記号体系が確立される。これは男子の学生服や学生帽に徽章が付き、身分と所属を表す記号体系が出来上がるのと同様である。また、所属を表す徽章が付けられたことにより、制服の着用期間が在学時に限定され、学生時代を象徴するアイテムともなっていく。さらに、入学時に着始め、卒業時に脱ぐという着脱の循環が生まれ、卒業生から新入生へと制服が人を替えながら継承されていくパターンも確立されたといえる。制服が着用期間を限定する服装である点も、私費調製と同じく、制服文化の特徴の一つである。

袴から洋服へ

明治30年代に女学生の服装として定着した袴は、大正後期に洋服に変わり、洋服の中でもとりわけセーラー服が新たな女学生の服装となっていく。各学校の"しるし"としては、袴の時に使用された徽章や袴章（スカートの裾へ転用）がそのまま洋服においても使用される場合もあれば、セーラー服の襟のラインの色・数やリボンなどで差別化が図られたり、バッジ型の徽章が制定されたりする場合もあった。洋服の時代になると、女学校の中には裁縫の時間に制服を生徒に製作させるところもあり、この点は男子にはない女子特有の現象である。

ここでは、高等女学校が制度として成立・普及する以前の時代を含め、明治初期から昭和戦前期までの女子の服装変遷を服装ごとに取り上げながら紹介する。

第8章
男袴

　明治5（1872）年に女子の官立女学校（同年「東京女学校」と改称）が開校した際、女子の服装として着用が認められたのは「袴」であった。この時、女子が着用した袴は男性と同じ形態で、足を左右に分かつ襠（まち）がつけられたズボン状のものである。この後の時代に女性向けの袴（襠のないスカート状のもの）が考案され、袴の形態に男女差が出来てくるのだが、ここで取り上げる最初の官立女学校に通った女子たちが着用した袴を、後の時代の袴と区別して「男袴」と称することとする。

　文部省は女学校の開校に先だち、女子の服装として当初「羽織」と「袴」を着用させる方針をとり、その許可を太政官に願い出ている。机と椅子を使用する教室において、従来の着物に帯の女性の服装は、姿勢や動作に不都合が生じると判断したからである。しかし女性の羽織袴の着用は、それまでの服装規範や習慣を逸脱するものであったため、正式な許可を太政官に求めたのであった。この伺いに対し、太政官は服装による男女の差異を考慮し、袴のみの着用を認めた。こうして正式に認められた女子の男袴の着用は、近代日本に新たに誕生した女学校とそこに通う女子を象徴するシンボルとなるはずであったが、女子教育の必要性さえ十分に認識、議論されていない明治初期にあっては、女子による男袴の着用は異装として非難され、短期間のうちに姿を消すこととなった。文部省から女子の袴着用が禁止されたのは、明治16（1883）年である。なお、官立東京女学校は明治10（1877）年に廃校となり、生徒は東京女子師範学校に引き継がれた。

図8-1：襠のある男袴を穿いた女子師範生
◉明治10（1877）年
女性教員の養成を目的として明治8（1875）年に開校した東京女子師範学校でも、初期には官立女学校で認められた男袴が着用された。開校式に参列した青山千世は、学校から「紺のあらいたてじまの小倉袴」が支給され、その袴の仕立ては「マチをずっと低くしてあっただけで、あとは男物と同じ」だったと証言している（『おんな二代の記』）。
※お茶の水女子大学蔵

図8-1

図8-2：東京女子師範学校の簪の徽章
東京女子師範学校開校時の簪の徽章。5枚の桜の花弁に「女子師範校」の五文字が刻印されている。
※お茶の水女子大学蔵

図8-3：東京女子師範学校の第一回卒業生
◉明治12（1879）年2月
小学師範科第一回卒業生の記念写真（青山千世は前列右から2人目）。開校式の時に穿いた男袴はこの写真では着用されていない。東京女子師範学校では、明治16（1883）年の文部省による袴着用の禁止の方針を受け、生徒心得を「服飾等は質素を旨とし世間の習風に従ひ奇異浮華に流るへからず」とした（『東京女子師範学校規則』）。
※お茶の水女子大学蔵

第9章
鹿鳴館洋装

　女子による男袴の着用が世間から非難され、文部省からも禁止の措置をとられた後、東京女子師範学校やその他の女学校の生徒は、一般の女性たちと変わらない服装で学校生活を過ごした。鹿鳴館時代を迎え、明治19（1886）年に宮中の「婦人服制」が洋装に転換されると、官立の東京高等師範学校女子部（明治18年に東京女子師範学校は男子の東京高等師範学校と合併）においても洋装着用の指示が出された。皇后をはじめとする宮中の女性たちの洋装に準じ、官立師範学校に通う女子にも洋装の着用が義務づけられたのである。当時の官立師範学校では学費や生活費（被服費を含む）が官給されていたため、生徒全員の洋装着用が可能であったが、この時代の洋服は大変高価であり、仕立てにかかる材料や技術も限られていたため、地方税で賄われる府県立の女子師範学校での一律実施は困難であった。官立師範学校の他に、この時期に女子の洋装が規定された女学校としては、明治18（1886）年に開校した華族女学校（学習院女子部の前身）があげられる。皇族や華族の子女が多く通った同校では、開校時より「西洋服」の着用が認められていたが、明治20（1887）年には体操実施のために、洋装着用の規定が示された。華族女学校の場合は、各家庭により被服費が負担された。この時期に洋装を実施できたのは、費用が官給である高等師範学校女子部か、当時洋服の費用を負担できる裕福な家庭の子女が通う女学校に限られたといえる。

　鹿鳴館時代の終焉により、女学校での洋装規定も緩和、廃止されていく。華族女学校では明治22（1889）年に式日以外での和服着用が認められ、翌年には和服と洋服の随意着用となっている。また、東京高等師範学校女子部から明治23（1890）年に独立した女子高等師範学校では、明治24（1891）年に服装規定の検討を文部省ではなく自校で行なうこととなり、同年洋服を「教室服」、外出などその他の場合は服装随意とする内定を出した。最終的に洋装規定が廃止されたのは明治26（1893）年で、今後「通常ノ和服」とする方針が示された。鹿鳴館時代の洋装は、当時の欧化主義の盛衰に影響を受け、一時的かつ限定的な実施とみられているが、皇后を

図9-1：洋装の女子師範生
◉明治19（1886）年7月
小学師範科の卒業写真。東京女子師範学校から東京高等師範学校に合併された女子部では明治19（1886）年に「本校ノ生徒ニ洋服ヲ着セシムルコトニ定ム。但シ絹及ビレース類、金、銀、宝石等ハ之ヲ用フルコトヲ禁ズ」と規定された（『文部省第十四年報』）。
※お茶の水女子大学蔵

図9-1

はじめとする女性の公的場面での洋装着用を正式に定めたこと、またそれに関連して和装の礼服が形成されたことなど、近代日本の女性服装史にとって重要な出来事であった。その他にも、洋服や束髪の経験を通して、従来の服装や髪型がもっていた問題点を認識できるようになったり、さらに近代日本にふさわしい新しい様式の服装を模索し始めたりした時期であり、洋装から和装への回帰とみえる動きは、単純な逆戻りではないのである。

図9-2

図9-3

図9-2：明治21（1888）年の卒業写真（小学師範科）
◉明治21（1888）年7月
毎年度、洋装の生地やデザインに違いがみられる。また同年度においても個人によりデザインに差がある。男子の師範学校と合併した後、明治23（1890）年に女子高等師範学校として分離・独立した。
※お茶の水女子大学蔵

図9-3：明治23（1890）年の卒業写真（高等師範科）
◉明治23（1890）年3月
※お茶の水女子大学蔵

図9-4：明治23（1890）年の卒業写真（小学師範科）
◉明治23（1890）年3月
※お茶の水女子大学蔵

図9-4

図9-5

図9-5：明治24（1891）年の卒業写真（小学師範科）
●明治24（1891）年7・10月
※お茶の水女子大学蔵

図9-6：明治25（1892）年の卒業写真（高等師範科）
●明治25（1892）年3月
※お茶の水女子大学蔵

図9-7：明治25（1892）年の卒業写真（小学師範科）
●明治25（1892）年7・11月
※お茶の水女子大学蔵

図9-8：華族女学校の第1回卒業生（洋装）
●明治22（1889）年
華族女子のための教育機関として、宮内庁所管の華族女学校が明治18（1885）年に創設された。写真は、鹿鳴館時代に流行したバッスルスタイル（後ろ腰にボリュームをもたせたシルエット）の洋装をした第1回卒業生である。
※学習院女子中・高等科蔵

図9-6

図9-7

図9-8

第9章 ❖ 鹿鳴館洋装

図9-9：洋服姿の華族女学校生徒
◉明治27（1894）年
明治20年代後半の華族女学校生徒の洋服姿。
※学習院女子中・高等科蔵

図9-10：束髪（西洋上げ巻）
◉明治18（1885）年
鹿鳴館時代には、洋装に合わせた西洋風の髪型（束髪）が提唱された。明治18（1886）年には婦人束髪会が結成され、軽快で清潔な束髪の普及が推奨された。洋装は高価なために一部の上流階層にしか流行しなかったが、束髪は費用がかからない上、和装に合わせて行なわれたため、より広範に浸透した。
❖『女学雑誌』4号（1885）

図9-11：束髪（西洋上げ巻）
◉明治18（1885）年
❖『女学雑誌』4号（1885）

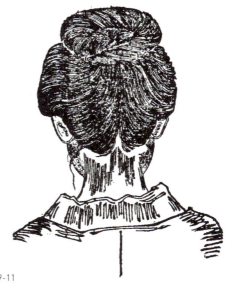

第10章
明治時代の女学生スタイル

　男袴も鹿鳴館時代の洋装も長く続かなかった上、その服装が「女学生」を表すシンボルとして広く定着することはなかった。明治30年代になると、女子の中等教育機関として高等女学校が全国に設立され、そこに通う「女学生」という集団が形成された。その社会的な身分を表す服装として、袴が全国に広まっていく。この時、女学生の間に普及した袴は女性向けに考案された「女袴」、あるいは形状の特徴から「行燈袴」と呼ばれるものである。襠のないスカート状の形態で、色は海老茶や紫紺などの無地である。

　女性用の袴を考案したとされる人物が、華族女学校の幹事兼教授を務めた下田歌子である。下田は礼節と動作の二つの観点から女性向けの袴を考案した（「本校にて用ふる袴の起因及び製作」『女教一斑』）。華族女学校では度々行啓があり、皇后を迎えるにあたって着流しの着物では礼節に欠くと考えられた。宮中の女性服装では、裳や袴が着用されることが正式な装いであった。もう一つの理由として、体操を行なう際や腰掛にもたれる際の不便が語られている。すなわち動作の観点が考慮された。そこで下田は宮中の女性が穿いた「緋袴」と男性の「指貫袴」を参照して、後掲図10-7のような袴を考案した。

　女性向けの袴は近代に入ってから和服の一つとして創造されたといえる。特に男性の袴と差別化するため、スカート状の構造をもったことと、色無地を採用したことが女性向け袴の特徴であった。女性向け袴の考案者の下田が勤めた華族女学校では、明治18（1885）年の開校時より袴の着用が規定されている。この他に、明治8（1875）年に開校した跡見女学校でも、開校当初より袴が着用されたことが知られている。いずれも皇族の子女が多く通った学校であり、皇室とゆかりのある女学校において袴が穿き始められた。当初、袴は皇族という身分や出自など皇室との関係を表象する衣服であったが、明治30年代には女学生一般に普及し、女学生の代名詞となっていく。

　明治30年代に女学生の間に袴が急速に普及した背景には、日清戦争後の女子教育において体育が重視されたことがあげられる。健康な国民を育むためには、子どもを産む女性の身体も強くなければならず、そのために女子教育では活発な運動が奨励され

図10-1：洋装規定が廃止された直後の和装姿の女子師範生
◉明治26（1893）年7月
洋装から和装に戻った頃の卒業写真。髪型は束髪のままである。
※お茶の水女子大学蔵

図10-1

た。しかし、着流しの着物では十分に身体を動かすことができないため、運動に適した服装が求められていた。そのような状況の中で、袴は着物の裾の乱れを気にせず脚を動かすことができ、また幅の広い帯を締めないことで胴部への圧迫を減らし、より活発な運動をすることが期待できる衣服であった。このように体育の奨励が、女学生の間に袴を浸透させる大きな要因となった。

しかし、袴の普及の要因は体育だけではなく、特に大きな力を発揮したと考えられるのは着用者である女学生自身の袴に対する着用願望である。いくつかの女学校では学校側が規則を定める以前に、自主的に袴を穿いてきたり、校長に袴の着用を願い出たりした事例が確認できる。女子高等師範学校附属高等女学校では、明治30（1897）年に一部の生徒が自主的に袴を穿いて登校したことがきっかけとなり、着用規則が定められている。また栃木県立宇都宮高等女学校では、明治33（1900）年に無断で袴を着用した生徒の騒動が伝えられている。これらの事例からは、当時一部の女学生の間で袴に対する強い着用願望があったことが窺える。それは先述した通り、皇室との関係や高貴な身分への憧れといった感情が袴にもたれていたためと考えられる。当初は皇族の身分や出自を表象する袴であったが、次第に数少ない女性のエリートである「女学生」を表象する袴へと転換していった。小学校に続く女子の中等学校に通うことができた女子は少なく、大学などの高等教育への道が拓かれていない当時にあって、高等女学校に通う女学生は最も高度な女子教育を受けたエリートだった。そうした希少で特別な存在の女学生を表象する衣服として、袴が選び取られ、定着していったのであろう。さらに女学生たちの間では、装いをめぐる独特の文化が形成され、髪型やリボン、着物の柄や袴の着け方などさまざまな"おしゃれ"や流行が展開していくのである。

図10-2

図10-3

図10-2：明治32（1899）年の卒業写真
◉明治32（1899）年3月
袴を着用するようになる前年の束髪に和装姿の卒業写真。
※お茶の水女子大学蔵

図10-3：袴を着用した女子師範生
◉明治33（1900）年3月
袴を着用して写った初めての卒業写真。前年に同校では、お雇い外国人のドイツ人医師ベルツが「女子の体育」と題する講演を行なっている。
※お茶の水女子大学蔵

図10-4

図10-5

図10-4：東京府高等女学校の第1回卒業生
◉明治24（1891）年3月
東京府高等女学校は、明治22（1889）年に開校し、明治34（1901）年に東京府立第一高等女学校と改称する。現・東京都立白鷗高等学校。
✤東京府立第一高等女学校『創立第二十五周年記念』(1913) ※個人蔵

図10-5：同校の第14回卒業生 ◉明治33（1900）年4月
✤東京府立第一高等女学校『創立第二十五周年記念』(1913) ※個人蔵

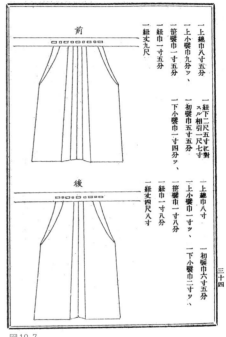

図10-7

図10-6

図10-6：同校の第15回卒業生
◉明治34（1901）年4月
この年以降の卒業写真では袴が着用されている。
✤東京府立第一高等女学校『創立第二十五周年記念』(1913)
※個人蔵

図10-7：下田歌子考案の袴の図
◉明治34（1901）年4月
下田歌子が考案した女子向けの袴。宮中の緋袴と男性の指貫袴を参照して考案されたとある。
✤細川潤次郎『女教一斑 第6編』(1901) ※国会図書館デジタルコレクション

第10章 ❖ 明治時代の女学生スタイル

図10-8

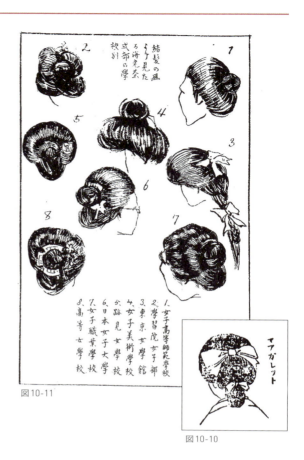

図10-11

図10-10

図10-9

図10-8：華族女学校生徒の袴姿 ◉明治34（1901）年4月
他の女学校でも袴が着用されていった頃の華族女学校生徒の袴姿。華族女学校では袴の色に決まりはなかったが、海老茶色を着用した生徒が多かったようである。明治32（1899）年の『風俗画報』（189号）に掲載された華族女学校の玄関前の図にも、海老茶と思われる色の袴を穿いた生徒が描かれている。
※学習院女子中・高等科蔵

図10-9：女子高等師範学校附属高等女学校生徒の袴姿（明治35年頃）
◉昭和9（1934）年頃制作
この掛軸は昭和9（1934）年頃に制作されたもので、女子高等師範学校附属高等女学校の明治35年頃の通学服が描かれている。矢絣の着物に海老茶色の袴を胸高に着け、頭髪は二箇所にリボンを結び、履物は黒の革靴、手に菊系統の花をもっている。当時、袴の色は海老茶がポピュラーであり、矢絣の着物も人気であった。
※お茶の水女子大学所蔵

図10-10：「マアガレツト」と名づけられた髪型 ◉明治40（1907）年
頭髪の二箇所をリボンで結ぶスタイル。
✤『婦人世界』2巻5号

図10-11：学校別女学生の髪型 ◉明治39（1906）年
『東京パック』に掲載された「結髪の風より見たる海老茶式部の学校別」の挿絵。髪型を見れば、当時どこの女学校の生徒か分かったようである。東京女学館の髪型は図10-12の記念写真にも確認できる。
✤『東京パック』2巻13号

図10-12

図10-13

図10-12：東京女学館生徒の服装　●明治43(1910)年頃
東京女学館は、伊藤博文をはじめとする当時の政界・財界の有力者により構成された「女子教育奨励会」によって明治22(1889)年に設立された私学の女学校である（現・東京女学館中学校・高等学校）。写真に写る生徒は、『東京パック』に掲載された髪型をしている。前髪を大きく張り出し、リボンを上下二箇所に結びとめている。当時リボンは大流行し、大きなリボンを頭髪につけた女学生の写真が数多く確認できる。
❖『東京女学館百年史』(1991) ※東京女学館

図10-13：東京府立第一高等女学校の生徒　●明治43(1910)年3月
音楽の授業風景。後ろ姿から、当時流行の髪型が窺える。リボンをつけている生徒も多い。
❖東京府立第一高等女学校『創立第二十五周年記念』(1913) ※個人蔵

図10-14：青森高等女学校の生徒　●明治45(1912)年
青森高等女学校は明治40(1907)年に創立された県立の高等女学校である（現・青森県立青森高等学校）。写真は、卒業式当日に撮影されたもの。式服として着用された紋付の着物に袴が着用されている。頭髪に大きなリボンがつけられており、全国的に流行した様子が窺える。
❖『青森高校百年史』(2003) ※青森県立青森高等学校

図10-14

図10-15

図10-16

図10-17

図10-15：私立東華高等女学校の生徒　●1910年代頃
明治37(1904)年に私学の女学校として設立された東華女学校は、大正10(1921)年に県立の第二高等女学校と統合される（現・宮城県仙台二華中学校・高等学校）。写真は私立東華高等女学校時代の記念写真。筒袖の着物に、白線二本がつけられた袴を着用している。頭髪には皆いずれもリボンをつけ、手にはパラソルをもっている。
❖『二女高90年』(1994) ※宮城第二女子高等学校

図10-16：「二〇三高地」の髪型
●明治40(1907)年
日露戦争の激戦地の名前からとられた髪型。
◆『婦人世界』2巻5号

図10-17：庇髪の女性　●明治43(1910)年
※個人蔵

第10章 ❖ 明治時代の女学生スタイル

第11章 式服

　女学校の中には紀元節、天長節、地久節の儀式や開校記念式、卒業式などの行事の際に、式服の着用が制定されたところもあった。多くは黒紋付の着物に袴を合わせた服装を式服として定めた。跡見女学校では明治32（1899）年に黒木綿五ツ紋の紋付に紫の袴の着用が制定されている。紋付の着物といえば絹地が一般的であるが、服装華美の抑制や質素倹約の励行として、式服といえども質素な木綿地を使用することを求めた。学習院女子部も明治40（1907）年の服装心得では、「衣服ノ地質ハ（和服、洋服トモ）綿布、麻布、毛布、紬、銘仙及ビ交織（凡テ廉価ナルモノニ限ル）ノ類ニ止ム」と衣服の地質が指定され、式服もこれらの地質に限り、なるべく紋付を着用することを推奨している（『学習院百年史』）。

図11-1

図11-1：跡見女学校の式服（明治32年制定）
跡見女学校は明治8（1875）年に跡見花蹊により創立され、華族女学校ができるまで皇族や華族の子女が多く在学した私立女学校である（現・跡見学園中学校・高等学校）。開校当初は紫の袴が着用され、同校のシンボルとなった。写真の式服は、明治32（1899）年に制定された黒木綿五ツ紋付に白キャラコの襦袢を重ねたものである。袴は通常着用された紫の袴が合わせられた。
✥『写真で見る跡見学園の歩み』（2000）※跡見学園

図11-2

図11-3

図11-2：跡見女学校の式服（実物）
✥『跡見女学校の校服をたどる』（1998）※跡見学園女子大学花蹊記念資料館

図11-3：式服着用の人形
✥『跡見女学校の校服をたどる』（1998）※跡見学園女子大学花蹊記念資料館

図11-4

図11-4：私立山陽高等女学校の卒業写真 ●明治37（1904）年
岡山県の山陽高等女学校は、明治19（1886）年に創立されたキリスト教主義の私立女学校である（現・山陽女子中学校・高等学校）。卒業写真からは揃いの黒紋付を着用している様子が窺える。
✣山陽学園蔵

図11-5

図11-5：紋付着物と袴
●年代不明
黒紋付に袴を合わせた服装。
※個人蔵

図11-6

図11-7

図11-6：女子学習院制服[式日] ●昭和初期
紫地の紋付（袴は参考品）。昭和12（1937）年の式服の規程では、銘仙・紬以下の紫無地の紋付着物に、毛織物の海老茶袴の着用が指示されている。
※学習院大学史料館蔵

図11-7：女子学習院制服[式日]着用写真 ●昭和初期
図11-6の紋付着物を着用した女子学習院生徒。大正12（1923）年生まれで、写真は在学中の昭和10（1935）年前後に撮影された。
※向山謹子氏所蔵

第12章
徽章

　東京女子師範学校では開校当初、簪の徽章が制定されたが、明治初期には女子教育の概念そのものや女子のための教育制度が未整備の状況であり、女子の身につける徽章が表す意味は極めて特殊かつ限定的であった。徽章により所属が示され、それを見る者が記号の意味を理解するようになるためには、女子教育の理念や方針が示され、育成のための学校整備が進み、それが広く社会に認知されなければならない。こうした条件が整うのは、明治32（1899）年の高等女学校令の公布以後、小学校に続く女子の中等教育機関として高等女学校が設立され、各府県に一校設置することが義務づけられた時期である。当初、女子のために考案された「女袴」が高等女学校に通う女学生を表したが、高等女学校が各地に複数できるほど女子中等教育への需要が高まってくると、次第に学校間の区別が服装上に求められ、徽章が制定されるようになってくるのである。

　学校の"しるし"としての徽章には大別して、バッジ、バンド、袴のライン（袴章）の3種類があった。徽章のデザインは各女学校の教員（特に美術）が担当する場合が多く、校名や地域、女性を象徴する植物・器物、教育理念などを総合して考案されたようである。バッジ型は胸や袴の紐にピンで留められ、バンド型はベルト状の帯とバックルで構成され、腰の部分に付けられた。

　女子高等師範学校附属高等女学校では、明治35（1902）年から4年かけて、袴の腰に佩用するバンド型の徽章を考案した。当時の教員の回想によれば、徽章は学校外における生徒の取締り上の便宜を図るためであったという。「学校の帰りなど通りをぶらぶら歩いて脇見したり店先をのぞいたりする女学

図12-1：山口高等女学校の徽章（明治34年制定）
同校は、明治20（1887）年に私立山口女学校として創立、明治33（1900）年に県立移管された（現・山口県立山口中央高等学校）。徽章は県立移管の翌年に制定され、四個の山の字の真中に「高女」の字を配するデザインである。当初は図12-2のように、和服の胸元にさげていたが、洋服となった時にバンド型徽章に変わった。
✢『百年史』(1990)※山口県立山口中央高等学校

図12-1

図12-2：山口高等女学校の徽章（着用）
✢『百年史』(1990)※山口県立山口中央高等学校

図12-2

生がままありましたが、他校の生徒自校の生徒かよく分からない。それで当校の生徒であるという目標を造りたい」と思ったと徽章制定理由を述べている（『創立五十年』）。このバンド型の徽章が制定されると、徽章は同校生徒を表すシンボルとなり知れ渡った。当時、同校は全国の高等女学校の模範として位置づけられており、このバンドを付けることに憧れがもたれた。卒業後、簪や帯留にして身に付けた卒業生もあったというほど、生徒に愛用されている（このバンドはお茶の水女子大学附属中学校の制服に今でも残っている）。こうした所属を示す徽章は、学校を卒業すれば身につけなくなるものであり、学生時代という期間限定の"しるし"であった。徽章には、付けることへの憧れ、付けた時の喜び、また卒業時に外す寂しさなど、さまざまな感情が寄せられた。

女学校へ入学出来るお通知を受取るとすぐ、私はあのきらきら光ったバンドが目に浮んだ。今に学校が始ると、あれを光らせて通学するのだと思ふと、もう嬉しくて嬉しくてたまらない。三月十六日にお母様が、学校へいらっしゃって、バンド、書物等を持って来て下さった。私はお母様を見るとすぐ飛んで行って、包に飛び着いてすぐ明けて見ると、バンドは薄い紙を通じてきらきらと、金色の光を輝してゐる。私はこみ上げて来る嬉しさをじっとこらへて、バンドに見入った。それからお休中にあのバンドを取り出して、見ない日はなかった。（略）四月八日、学校の始る日、私は昨夜揃へておいた仕度を身につけた。そして一番最後にバンドをしめた。

図12-3

図12-3：私立山陽高等女学校の徽章
●年代不明
明治34（1901）年に徽章が制定され、当初は赤白の絹打紐で作られた徽章を胸につけていたが、翌年に銀製のものとなった。
※山陽学園蔵

図12-4：私立山陽高等女学校の生徒たち
●明治35（1902）年頃
※山陽学園蔵

図12-4

第12章 ❖ 徽章

（略）家を出ると、皆が注目してゐる様な気がして、恥かしくてたまらなかった。（略）「バンドをしてお茶の水の一年生でありますと、広告するやうだなあ。」と笑ひながらおっしゃったお兄様のお顔をふと、思ひ出して、思はずオホホホと、笑ってしまった。お友達をおさそびに行くとお友達も嬉しさうに、にこにこ笑ひながら、やっぱりバンドを光らせてて、いらっしゃった。ああこの方も嬉しいのだ、かう思ふと嬉しさが急に二倍した様な気がして、飛び上りたくなる程だった。（略）今から五年間バンドが、身に着いて居て励ましてくれるのだと思ふと、私もバンドをけがさない様に、立派な人物にならなければいけないと言ふ、大きな、強い、責任を感じた。
（『お茶の水』16号）

ここには徽章への憧れ、身に付ける喜び、そしてそれが「見られる」ことで内面への働きかけ、すなわち期待された理想の女学生像の内面化が起こる様を読み取ることができる。学校側が期待した徽章の効果が現実のものとなっている。こうした教育上の効果が期待できたバンド型の徽章は、各地の女学校にも波及し、その人気から入学志願者が増えたという逸話もあるほどである。

図12-5

図12-6

図12-5：私立東華女学校の徽章
◉明治37（1904）年頃
徽章は女学校創立時に制定された。銀製で、桜花の中に「東」の字を配したデザイン。初代校長の三好愛吉が創案したと伝えられている。
✢『二女高90年』（1994）※宮城県第二女子高等学校

図12-6：佐賀高等女学校の徽章
◉大正15（1926）年3月
明治34（1901）年に創立された県立の高等女学校。
✢佐賀県立佐賀高等女学校『記念写真帖』（1926）※個人蔵

図12-7：私立英和女学校の徽章（大正4年制定）
キリスト教主義の女学校として明治18（1885）年に創立された英和女学校（現・福岡女学院中学校・高等学校）の徽章。直径2.7cmの円形にブドウの房と「英和」の文字が入れられた。
✢『福岡女学院百年史』（1987）※福岡女学院

図12-7

図12-8：私立福岡女学校の徽章（大正6年制定）
大正6（1917）年に校名を福岡女学校と改称してからは「福女」の文字が入れられた。
✢『福岡女学院百年史』（1987）※福岡女学院

図12-9：徽章を付けた生徒
徽章は袴の紐に通して付けられた。
✢『福岡女学院百年史』（1987）※福岡女学院

図12-8

図12-9

図 12-11

図 12-10：私立玫瑰女学校の徽章（バラ）
同校は、キリスト教主義の私立女学校として明治33（1900）年に熊本県に創立された。明治44（1911）年にバラの花を表す徽章が制定された。校名の「玫瑰」は美しい花、バラ科のハマナスを意味し、徽章のデザインも校名に由来した。
✤『100年のあゆみ』(2000)※熊本信愛女学院

図 12-10

図 12-11：私立玫瑰女学校の徽章（着用）
生徒は徽章を袴の紐に各自刺繍した。
✤『100年のあゆみ』(2000)※熊本信愛女学院

図 12-12

図 12-13

図 12-12：女子学習院の院章　●昭和8（1933）年12月
華族女学校は明治39（1906）年に学習院と併合し女子部となり、さらに大正7（1918）年に女子学習院として再び独立した。女子学習院の徽章は「八重桜」として古くから使用されていたとの説もあるが、昭和8（1933）年に正式に再認定されたようである。
✤『おたより』56号(1933)※学習院女子中・高等科蔵

図 12-13：東京女子高等師範学校附属高等女学校の大正元年頃の通学服
●昭和9（1934）年頃制作
東京女子高等師範学校附属高等女学校では、明治35（1902）年頃から徽章制定が検討され、4年後の明治39年にバンド型の徽章に決定された。
※お茶の水女子大学蔵

第 12 章 ❖ 徽章　83

図12-14

図12-15

図12-14：東京女子高等師範学校附属高等女学校の徽章（図）
同校の徽章は、幅一寸五分（5.8cm）の真田織のベルト状の帯に、菊と蘭の模様の入った八咫鏡のバックルが付いたものである。バックルには「女高師高女」の五字が刻まれている。ベルト状の帯は、地色が小豆色で、中央に白の筋が入り、中に青茶色で茶の実をかたどった模様が連なり、実の中に「水」の字が織り出されている。同校の『創立五十年』には、帯の説明は先述のように白筋に青茶の茶の実とあるが、実物の写真では青茶筋に白の茶の実と色が反対になった裏側が表に使用されている。
✧東京女子高等師範学校附属高等女学校『創立五十年』（1932）※国会図書館デジタルコレクション

図12-15：バンド型の徽章（実物）
●年代不明
※お茶の水女子大学蔵

図12-16

図12-17

図12-16：宇都宮高等女学校の徽章（明治36年制定）
明治8（1875）年に創立された県立宇都宮高等女学校（現・栃木県立宇都宮女子高等学校）では、明治36（1903）に下野草をかたどった徽章が制定された。それ以前には下野草の簪の徽章があったようであるが、装飾品になるということでバッジ型に変更された。
✧『80年史』（1956）※栃木県立宇都宮女子高等学校

図12-17：宇都宮高等女学校の徽章（明治44年制定）
明治36年に制定されたバッジ型も、下野草の葉が尖っていたために、怪我をしたり衣服を破ったりと不評であった。改善の声が高まり、明治44（1911）年に「帯締様」（バンド型）に改められた。バックルには下野草の模様、帯は水色の地に白の縞が入れられた。
✧『90年史』（1966）※栃木県立宇都宮女子高等学校

図12-18

図12-19

図12-20

図12-21

図12-18：水戸高等女学校の徽章
明治33(1900)年に創立された県立水戸高等女学校(現・茨城県立水戸第二高等学校)では、大正4(1915)年にバンド型の徽章が制定された。バックルは梅花のデザイン、帯地は紫がかった海老茶に同色の薄い線が入っている。
✤『水戸二高七十年史』(1970)※茨城県立水戸第二高等学校

図12-19：水戸市立高等女学校の徽章
大正15(1926)年に創立された市立の女学校(現・茨城県立水戸第三高等学校)。創立時に「水」と「葵」と「梅」をあしらった徽章が制定された。バンド型の徽章は昭和2(1927)年洋服になってからも使用された。
✤『創立50周年記念誌』(1976)※茨城県立水戸第三高等学校

図12-20：神田高等女学校の徽章
明治23(1890)年、東京に創立された私立の女学校(現・神田女学園中学校・高等学校)。「竹」と「水」をかたどった金具、オリーブ色の地に白線の入った帯。
✤『竹水の流れ』(1980)※神田女学園

図12-21：聖霊高等女学校の徽章
明治41(1908)年に創立されたキリスト教主義の私立女学校。大正12(1923)年に私立聖霊女学院と校名を改称した際、バンド型の徽章が制定された。バックルは八角形の鏡に「聖」の字が入れられ、字のまわりをヒソプ(聖書に出てくる植物)の葉がとりかこんでいる。このバンド型の徽章が制定された際、それまで袴の裾に付けられていた袴章を廃止した。
✤『聖霊学園七十年史』(1978)※聖霊学園

図12-22：平安女学院の徽章
明治8(1875)年にキリスト教主義の「エディの学校」として大阪の居留地に開校、明治28(1895)年に京都へ移り、校名も平安女学院に改称した。同校では明治36(1903)年に袴とバンド型の徽章の佩用を制定した。徽章の三本の太い線は「信」「望」「愛」の精神を象徴した。
✤『写真で見る125年史』(2000)※平安女学院

図12-22

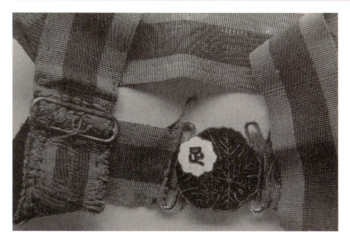

図12-23

図12-23:足利高等女学校の徽章
明治42(1909)年に郡立の高等女学校として開校(現・栃木県立足利女子高等学校)。郡制の廃止とともに県立に移管された大正12(1923)年に、バンド型の徽章が制定された。
❖『八十年誌』(1989)※栃木県立足利女子高等学校

図12-24

図12-25

図12-24:足利高等女学校の卒業記念帖(表紙)
◉大正14(1925)年3月
卒業アルバムにある徽章。着色されている。
❖栃木県立足利高等女学校『卒業記念帖』(1925)※個人蔵

図12-25:同校卒業アルバムの個人写真
◉大正14(1925)年3月
袴の腰の部分に徽章を付けた生徒。三つ編みにした髪の先を折り込んでまとめている。
❖栃木県立足利高等女学校『卒業記念帖』(1925)※個人蔵

図12-26:私立共和裁縫女学校の徽章
◉大正9(1920)年3月
明治33(1900)年に須賀栄子により創立された私立の裁縫女学校(現・学校法人須賀学園)。
❖私立共和裁縫女学校『卒業記念写真帖』(1920)※個人蔵

図12-26

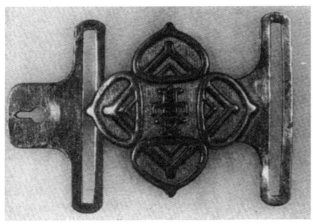

図12-27

図12-27：山口高等女学校の徽章（大正11年制定）
大正11（1922）年に「改良服」と呼ばれる洋服の標準服が示され、そのベルトに徽章が付けられた。本章冒頭（図12-1）で紹介した山の字の図案が踏襲されている。
✤『百年史』（1990）※山口県立山口中央高等学校

図12-28：山口高等女学校の徽章（着用）
標準服は非活動的な和服改良の声の高まりに対応し、学校側が調査、考案した洋服である。帽子、紺ウールの生地の上着とスカート、腰に徽章の入ったベルトを締めた。価格は20円。当時の月謝2円50銭と比較しても、決して安いものではなかった。大正15（1926）年にはセーラー服に変わった。
✤『百年史』（1990）※山口県立山口中央高等学校

図12-28

図12-29

図12-29：太田高等女学校の徽章
大正10（1921）年に太田町立実科高等女学校として開校、大正12（1923）年に県立の高等女学校に昇格（現・群馬県立太田女子高等学校）。大正15（1926）年から昭和8（1933）年までバンド型の徽章を袴や洋服の制服に着用するようになった。バックルは、八咫鏡の台に桜の花弁、その中に「高女」の文字と大中黒（新田義貞の旗印）と松を配したデザイン。これは生徒から図案を募集し、決定した。帯の部分は、茶色の地に白黒の縞が入れられている。
✤『太田女子高校五十年史』（1973）※群馬県立太田女子高等学校

図12-30：太田高等女学校の徽章（着用）
昭和8（1933）年に制服がセーラー服に変更された際、バンド型の徽章は廃止され、バッジ型の徽章を胸につけるようになった。
✤『太田女子高校五十年史』（1973）※群馬県立太田女子高等学校

図12-30

第13章
袴章

　学校を表す徽章としてバッジやバンド以外に、もう一つ「袴章」と呼ばれる袴に付ける線（ライン）がある。これも学校を表す重要な意味をもつ"しるし"であった。最も基本的なものは、白線1本及び白線2本、黒線1本及び黒線2本であるが、近隣の女学校との差別化が図られた。明治34（1901）年に創立された富山高等女学校は、県内で最初にできた県立の高等女学校であったが、袴に黒線1本が付けられたのは、高岡にもう一つ県立の高等女学校ができた明治40（1907）年以降である。同校の卒業生は「高岡が出来た時からでしたかね、袴の裾に黒い筋が一本入りました。高岡が二本で、富山は一本」「高岡に細目のが二本、こちらは今の寸法で言えば、巾二センチ位の黒い紐を下から一〇センチほど上った所へぬいつけました」「それはもう富山県の学習院と言われる位誇り高かったものでした」と座談会で語り合っている（『清泉』4号）。高岡の2本の袴章に対し、富山の1本の袴章が誇り高かったというのである。袴章が徽章としての効力を発揮するのは、他校との比較が生まれた時である。所属の表示、内面への働きかけという効果に加え、学校への帰属意識や愛校心の育成にも袴章（徽章）は役立っている。

　石川県の江沼郡立実科高等女学校（現・大聖寺高校）でも、黒線を波形に付ける袴章が、能美郡立実科高等女学校（現・小松高校）の緑線と比べ、「大聖寺の生徒は優美で、きりっとしているのが自慢で

あった」という（『七十年史』）。また静岡県の沼津高等女学校（黒線）でも、三島高等女学校の袴章（白線）を比べ、自分たちの方が美しいと自慢している（『創立九十周年記念誌』）。このように袴章は学校のシンボルとして定着しており、本数や線の色などで学校間の比較が行なわれた。埼玉県では忍高等女学校と熊谷高等女学校の間に、次のような対抗意識があった。

　私達が三年生になった頃だったと思う。その頃の忍高女の制服は袴の裾に二本の白線がついているものである。当時、いつも私達がすべてにつけて対抗意識をもやしていたのは熊谷高女で

図13-1：安房高等女学校の袴章（白線1本）
明治40（1907）年に郡立の女子技芸学校として創立、明治42（1909）年に郡立の高等女学校に改組（現・千葉県立安房高等学校）。明治42年に八巻嘉作校長の発案により、白線1本の袴章が制定された。袴章を付ける女学生には女学生たる自覚を芽生えさせ、またこれを見る女子には憧れを抱いて本校に入学したいという気持ちを持たせるためであった。
❖『七十五年のあゆみ』(1982) ※千葉県立安房南高等学校

図13-1

あった。「熊女より先に私達のこの制服をバンドにしたい」の希いは忍高女生の共通の夢であった。何回かの生徒大会の末に実現した白線とのお別れ。そして紫のバンドに白い金具のバックルに変った制服を、翌年五月の最後の関西旅行に着用できた私達の誇りというか、栄誉というか、その喜びはひとしおであった。

（『歩み60年』）

　忍高等女学校の生徒たちは、白線２本の袴章からバンド型の徽章への変更を、対抗心を燃やす熊谷高等女学校よりも早く実現することを望んでいた。また逆に他校の袴章に憧れを抱いたという証言もある。長野県の須坂高等女学校では黒線１本の袴章であったが、隣の中野高等女学校の白線に憧れ、校長に変更を請願した者が現れた。白は汚れやすいという理由で、校長は取り合わなかったようである（『鎌田を仰ぐ六十年』）。また岐阜県の本巣高等女学校では、紫紺の袴に黒の波線２本が袴章であったが、生徒たちはこの波線をゆるく、なるべく真直ぐに近づけるよう取り付けた。他の高等女学校の袴章が直線であり、後からできた新設高等女学校のコンプレックスがあったとみられている（『五十年史』）。徽章をめぐる価値意識が窺える興味深いエピソードである。

　こうした所属を表す袴章は、入学時に取り付け、卒業時に取り去った。群馬県の安中高等女学校は、碓氷川と九十九川を表す波形の白線２本で、卒業生の一人は「入学式から帰宅した私は今は亡き母と二人で此の白線をかなりの長い時間かかって縫ひ付けました。とても楽しい、うれしい作業であった事を今もはっきり覚えています」と語っている（『安中高校の六十年』）。袴章の取り付けに対し、その取り外しに儀式が行なわれた女学校もあった。岡山県の山陽高等女学校（キリスト教主義）では、卒業式の翌日の早朝に操山の山頂に登り、そこで袴章を取り外し、教師より門出の教訓を受けるというのが恒例の行事となっていた（『生徒の綴った山陽学園史』）。

　このように、さまざまな効果や意味が込められた袴章は、生徒それぞれが思いを寄せ、深く記憶に刻む学生時代の期間限定の"しるし"であった。

図13-2

図13-3

図13-2：保原実科高等女学校の袴章（白線１本）
◉昭和２（1927）年
大正13（1924）年に保原実践女学校として創立、大正15（1926）年に実科高等女学校に改組（現・福島県立保原高等学校）。袴に白線１本が入れられている。また同校では上衣の着物も揃いの縞としている。
❖『写真で綴る70年仰ぐは霊山』(1992)※福島県立保原高等学校

図13-3：大阪信愛高等女学校の袴章（白線２本）
明治41（1908）年、大阪に創立されたキリスト教主義の私立女学校（現・大阪信愛女学院）。大正３（1914）年に袴の色が海老茶色に統一され、裾に白線２本が入れられた。この白線は「清い心」、２本の線は「信」と「愛」を表し、その線が裾を取り巻いて環となっている様子は「無限」を意味した。
❖『90年史』(1974)※大阪信愛女学院

図13-4

図13-4：愛知県立第二高等女学校の袴章（白線2本）
大正4（1915）年に創立（現・愛知県立名古屋西高等学校）。いつ袴章が制定されたか不明だが、太い線と細い線の白線2本が同校の袴章であった。白は汚れるので困ったという卒業生の回想もある。
❖『創立80周年記念誌』（1995）※愛知県立名古屋西高等学校

図13-5

図13-5：済美高等女学校の袴章（裾に白線2本） ●大正元（1912）年頃
明治35（1902）年に澤田裁縫学校として創立、明治44（1911）年に済美高等女学校に改組（現・済美高等学校）。明治44年に私立勝山女学校と合併し、袴章を白線1本から2本に変更した。
❖『済美学園百年史』（2002）※済美学園

図13-7

図13-6：済美高等女学校の袴章（袴の腰板に白線2本）
●大正7（1918）年
大正3（1914）年に袴の白線が廃止され、代わりに袴の後ろの腰板に2本線が入れられる。バッジ型の徽章も合わせて付けられるようになった。
❖『済美学園百年史』（2002）※済美学園

図13-7：豊橋高等女学校の袴章（白線3本）
明治35（1902）年に町立の高等女学校として創立（現・愛知県立豊橋東高等学校）。明治38（1905）年に白線3本（三河を象徴）の袴章が制定された。
❖『世紀をこえて』（2002）※愛知県立豊橋東高等学校

図13-6

図13-9

図13-8：私立九州高等女学校の袴章（白線縦1本）
明治39（1906）年に私立九州女学校として創設（現・福岡大学附属若葉高等学校）。袴の両脇に縦に白線1本が入れられている。この他、群馬の館林高等女学校でも縦に白線を入れた事例が確認できる。
❖『九州女子高等学校資料集』（1979）※九州女子高等学校

図13-9：夕食後のレクリエーション風景
❖『九州女子高等学校資料集』（1979）※九州女子高等学校

図13-10

図13-10：愛知県第一高等女学校の袴章（黒線1本） ●大正12（1923）年3月
明治36（1903）年に愛知県高等女学校として開校、大正4（1915）年に愛知県立第一高等女学校に改称（現・愛知県立明和高等学校）。創立時に海老茶色の袴の裾に黒線1本を付けた。当時、学校の門の入り口に蚕種試験場があり、ここに働く女工も海老茶色の袴を穿いていたため、女工と県立高女生を識別するために付けられた。
❖愛知県第一高等女学校『卒業記念写真帖』（1923）※個人蔵

図13-11：福岡高等女学校の袴章（黒線2本）
明治31（1898）年に市立の女学校として開校、明治41（1908）年に県立に移管される（現・福岡県立福岡中央高等学校）。明治34（1901）年から袴が着用され、裾に入れられた黒線2本が同校の証しとなった。同じ福岡にある小倉高女では、福岡高女の黒線2本を考慮して黒線3本を袴章として制定している。小倉高女ではラインの幅やつける間隔まで細かく指定された。
❖『福岡中央百年史』（1998）※福岡県立福岡中央高等学校

図13-11

図13-12

図13-13

図13-12：札幌高等女学校の袴章（山形白線）
◉明治44（1911）年
明治35（1902）年に創立した庁立の高等女学校（現・北海道札幌北高等学校）。明治40（1907）年に山形の白線を付けることが決められた。
✤『六十年』（1963）※北海道札幌北高等学校

図13-13：同校の袴章
◉明治44（1911）年
写真を見ると、袴の裾だけでなく、袴の後ろ腰の部分にも山形白線が付けられたことが分かる。
✤『六十年』（1963）※北海道札幌北高等学校

図13-14：札幌区立実科高等女学校の袴章（「己」）
明治40（1907）年に札幌区立女子職業学校として開校、大正9（1920）年に札幌区立実科高等女学校に改組（現・北海道札幌東高等学校）。大正9年に「己」の文字を模様化した白線の袴章を制定した。
✤『つどいて』（1997）※北海道札幌東高等学校

図13-14

図13-15：北海道小樽実践女学校の袴章（山形白線2本）
◉明治40（1907）年
明治40（1907）年に開校した小樽実践女学校（仏教主義、後に小樽双葉高等女学校と改称）の開校式の写真。最前列に座る生徒の袴に白線2本の山形のラインが付けられている。昭和3（1928）年に校章が制定された後、この白線は廃止となった。
✤『創立一〇〇周年記念誌』（2008）※北海道龍谷学園

図13-15

図13-16：高崎高等女学校の三蓋松の袴章

明治32(1899)年に群馬県高等女学校として設立、明治45(1912)年に高崎高等女学校に改称(現・群馬県立高崎女子高等学校)。明治37(1904)年に三蓋松の袴章(白と緑のレース糸で刺繍)が制定された。この独特の図案は、潮風に耐える海辺の松をかたどったもので、松の緑は節操、白は雪を表し、清楚と潔白を表した。

✤『高女七十年』(1968)※群馬県立高崎女子高等学校

図13-17：高崎高等女学校の袴章(着用)

この袴章は昭和15(1940)年に廃止されたが、その後も徽章の図案として現在に至っている。

✤『高女七十年』(1968)※群馬県立高崎女子高等学校

図13-18：桐生高等女学校の袴章(着用)

明治41(1908)年に郡立の高等女学校として創立、大正7(1918)年に県立移管された(現・群馬県立桐生女子高等学校)。木綿の海老茶袴に、白と緑のレース糸で桐の刺繍をした袴章。

✤『桐女九十年史』(1997)※群馬県立桐生女子高等学校

図13-16

図13-17

図13-18

図13-20

図13-19：桐生高等女学校の桐のマーク

◉昭和5(1930)年7月

『桐の若葉』は桐生高等女学校の校友会誌。裏表紙の桐のマーク。このような複雑なマークが袴章とされた。

✤『桐の若葉』20号(1930)※個人蔵

図13-20：千葉淑徳高等女学校の袴章

◉昭和5(1930)年3月

大正14(1925)年に創立された私立の女学校(現・千葉明徳中学校・高等学校)。袴に入れられた波の白線2本が洋服にも受け継がれている。

✤千葉淑徳高等女学校『卒業記念』(1930)※個人蔵

図13-19

第14章
腰紐の結び方

　女学校の卒業写真をしばらく眺めていると、それぞれ袴の腰紐の結び方に違いがあることが分かってくる。ある生徒は真ん中でリボン結びをしたり、別の生徒はそのリボン結びを左右のどちらかに寄せたり、またリボンにせず結び目だけを見せたり、その結び目自体もなくしたり、いろいろである。袴の着こなしのポイントは、この腰紐の結び方にどうやらあるようである。兵庫県の豊岡高等女学校の生徒の回想に次のようなものがある。

> （袴紐には）色々の結び方があった。まず前の真中でリボン結びにしたり、それを少し右または左に片寄せる。次に片輪結びにして右横または左横で紐先を揃えないで長く垂らす。これは仕立てる時から紐の左右の長さに注意しておかなければならない。また後紐を結ばないで前の真中で打ちちがわせて、後へ廻して中の後腰の下で結ぶ。そうすると後が高くなって前が下がる新しい気風が生じる。また前の真中右より、左よりに後の紐を「丸結び」にして紐の残りは後の中に入れて、落ちないようにはさむ。
> 　　　　　　　　（『七十周年記念誌』）。

　回想の後半以降になってくると、現代の私たちにはうまくイメージすることができなくなってくるが、当時の生徒たちが腰紐の結び方にさまざまな工夫を凝らした様子が伝わってくる。また同じ回想には、女性教員の袴紐の結び方を真似したことが語られている。

　新しい若い先生が来られると、次の日といわず新任式が終わった頃にはもう生徒の袴紐の結び方がちがっている。次の日には裾の高さ、腰の高さもちがってくる。（略）新しい先生が見えたとき、皆が一斉に変える。しかし前の先生を崇拝し変えないという人もいた。　　（同上書）

　女性教員と女子生徒が同じ袴を穿いていた時代ならではのエピソードである。大正から昭和になると生徒の服装は洋服（セーラー服）となり、教員と生徒の服装が異なってくるからである。

図14-1：真ん中でリボン結び
●年代不明 スタンダードな袴紐の結び方。
※個人蔵

図14-1

図14-2：リボン結び片寄せ ●年代不明
女学校の中には規則で袴紐の結ぶ位置を指定した学校もある。岡山高等女学校では「紐外にて結ぶ場合には右の脇にて結ぶこととす」と規定している（岡山操山高校『創立七十年史』）。
※個人蔵

図14-3：結び目なし ●年代不明
※個人蔵

図14-2

図14-3

図14-4

図14-4：大阪市立高等女学校の卒業写真 ●昭和2（1927）年3月
リボンの輪のみを見せる結び方。
✤大阪市立高等女学校『卒業記念』（1927）※個人蔵

図14-5：千葉淑徳高等女学校の卒業写真 ●昭和5（1930）年3月
袴紐をウエスト周辺に何周も巻き付けている。
✤千葉淑徳高等女学校『卒業記念』（1930）※個人蔵

図14-5

図14-6

図14-6：栃木足利高等女学校の卒業写真
◉ 大正14（1925）年3月
バンド型の徽章を袴の腰につけた場合でも、袴紐の結び方にさまざま工夫を凝らした様子が窺える。バンドの下でリボン結びを見せたり、バンドの上から紐端を垂らしたり。
❖栃木県立足利高等女学校『卒業記念帖』(1925)※個人蔵

第15章
女学生諷刺画

　女学生を表す袴にそれぞれ所属する学校の徽章が付け始められたのは、とりわけ明治35（1902）年以降、「堕落女学生」のスキャンダル記事が新聞雑誌を賑わせてからである。堕落女学生とは、本分である学問を怠り、虚飾のために借金したり、男性との恋愛に走ったりし、身をほろぼしていく女学生たちで、「堕落」の原因として東京遊学や下宿生活が原因となって引き起こされるとされた。新聞雑誌で報道されることにより、女学生に対し、お転婆、生意気、性的奔放などという印象が強くもたれることとなった。『二六新報』では「女学生腐敗の真相」が一ヶ月以上にもわたり連載され、第1回目の記事には以下のように取り上げられている。

　　其人の清潔なると否とを問はず、女学生なる三字は直に以て生意気、淫奔を意味するが如く連想され、海老茶の袴、手束の髪、殆んど嘲笑の具としてよりは他に映ぜざる。社会の眼、強ち藪睨みにもあらざるが如し。
　　　　　　　（『二六新報』明治35年8月23日）

　皆がみな「堕落女学生」といわれるような行ないをしていたわけではないが、ごく一部のスキャンダルが全体のイメージを形成し、海老茶の袴を穿き、髪を束髪に結った女学生たちを見ると、すぐに「生意気」「淫奔」と連想されてしまったようである。この時、女学生か否かを判別するのが袴である。特に当時海老茶色の袴が多く着用されたことから、女学生を揶揄して「海老茶式部」と呼ぶようになっていた。

　こうしたいわゆるゴシップ記事が面白おかしく取り上げられる背景には、女子教育に対する批判がある。稲垣恭子は堕落女学生を「『良妻賢母』を柱とした高等女学校の教育を一般化させていく過程で、そこから排除されるものの象徴としてつくりだされたイメージ」で「女学生たちの現実の姿と、それを語る人々の感情やメンタリティが交錯しながらつくりだされる表象」であったと指摘している（『女学校と女学生』）。すなわち、女学生や女子教育に対する人々の批判や嫌悪が「堕落女学生」という像をつくりあげたのである。

　さて、こうしたイメージができあがると困るのが、女子教育を管轄する文部省や実際の教育にあたる各女学校である。文部省では全国の高等女学校長に「学生の風紀を振粛することに力め、品行不正の者には除名放校の制裁を断行するに躊躇せず、一般

図15-1：「新年の海老茶式部」
◉明治38（1905）年1月1日
女学生を腰の曲がった「海老」に見立てた諷刺画。
✚『滑稽新聞』87号（1905）

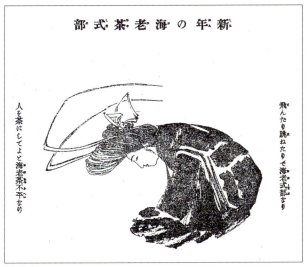

図15-1

学生を戒飭すべし」との内訓を出した（『教育時論』628号）。また当時の文部大臣・菊池大麓（1855－1917）は、堕落の原因が東京遊学にあるとして、「地方の学校にて教育するの方針を採り、決して手離して東京に出すべからず」と演説している（『教育時論』632号）。これら文部省の方針を受け、各女学校では生徒たちの学校外での取締りに着手し、自校の生徒を判別するために徽章を付けさせたのである。ここでは当時面白おかしく諷刺された女学生に関する諷刺画を紹介する。

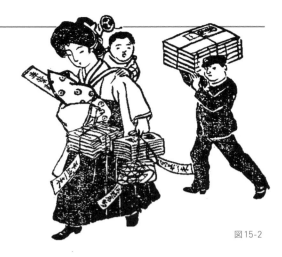

図15-2

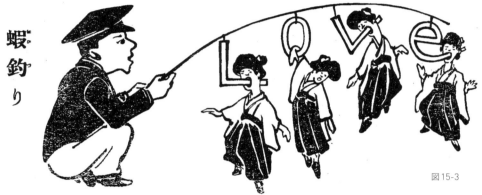

図15-3

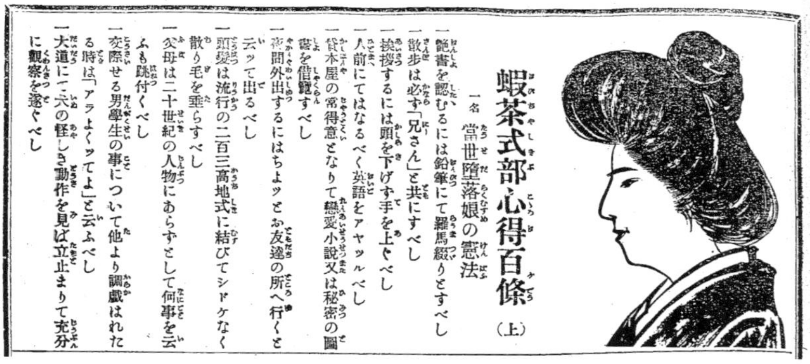

蝦茶式部心得百條（上）

一名　當世墮落娘の憲法

一艶書を認むるには鉛筆にて羅馬綴りとすべし
一散歩は必ず「兄さん」と共にすべし
一挨拶するには頭を下げず手を上ぐべし
一人前にてはなるべく英語をアヤツルべし
一貸本屋の常得意となりて戀愛小説又は秘密の圖書を借覽すべし
一夜間外出するにはちよツとお友達の所へ行くと云ツて出るべし
一頭髮は流行の二百三高地式に結びてシドケなく散り毛を垂らすべし
一父母は二十世紀の人物にあらずとして何事を云ふも跳付くべし
一交際せる男學生の事について他より調戯はれたる時は「アラよくツてよ」と云ふべし
一大道に犬の怪しき動作を見ば立止まりて充分に觀察を遂ぐべし

図15-4

蝦茶式部心得百條（中）

一名　當世墮落娘の憲法

一「兄さん」と倶に散歩するときは枕の代用となるべき書冊を携帶すべし
一宅の便所にては勿論辻便所に於ても二十世紀式の立小便を爲すべし、而して紙を倹約せんがため蝦茶袴にで拭ふか又は三番叟を踏むべし
一凡ての學事は捨て置きても遊妊の原理だけは日々復習研究すべし
一萬一の用意として墮胎藥を買置くべし、若し其効なく懐妊せば脹滿と稱して一時休校すべし
一ラブレーターは作文の稽古と思ひ熱心に書きて交換すべし
一試驗前には受持の男教師に盛に秋波をそゝぎて落花情ありの態を表示すべし
一三等切符にて一二等の待合室に入るべし
一大道を通行するときには片手にヴァイオリンを携ふべし　（浮世病郎）

図15-5

図15-2：「蝦茶式部の卒業帰郷」
◉明治38（1905）年7月20日号
学問をしないで恋愛に走った堕落女学生の卒業帰郷時の荷物などが描かれている。子どもを前後に2人抱え、さらに卒業証書を持っている。後ろに続く男性は恋愛相手だろうか。
✣『滑稽新聞』100号（1905）

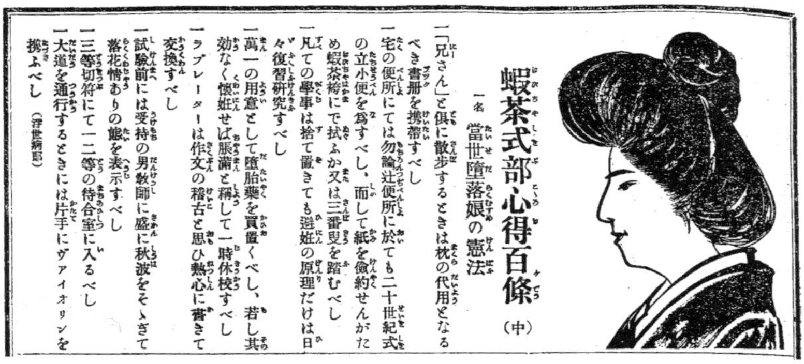

図15-3：「蝦釣り」
◉明治39（1906）年1月1日
恋愛したい女学生を角帽をかぶった男子学生が何人も釣り上げている。
✣『滑稽新聞』106号（1906）

図15-4：「蝦茶式部心得百條（上）」
◉明治38（1905）年3月20日
エスカレートしていく堕落女学生像。
✣『滑稽新聞』92号（1905）

図15-5：「蝦茶式部心得百條（中）」
◉明治38（1905）年4月5日
✣『滑稽新聞』93号（1905）

図15-6:「蝦茶式部心得百條（下）」
◉明治38（1905）年4月20日
✣『滑稽新聞』94号（1905）

図15-7:「蝦茶袱紗の中」
◉明治38（1905）年5月7日
✣『滑稽新聞』95号（1905）

図15-8:「女学生の机の引出」
◉明治39（1906）年6月20日
男性の写真やラブレター、「子おろし薬」までが入れられている。
✣『滑稽新聞』117号（1906）

図15-9:「女学生袴見本」
◉明治39（1906）年3月20日
✣『滑稽新聞』111号（1906）

●蝦茶袴の破綻と汚染 此絵は矢開商店といふ袴屋の広告絵に摸擬したるものでありますが、當世女學生の裏面を有形的に圖したならば斯様なものでありませう、世の父兄たる人の眼には此破綻や汚染が見へないのでわらうと思ひます（三角道人）

図15-10

図15-11

図15-12

図15-13

図15-10：「蛍式部」
●明治38（1905）年6月20日
「海老茶式部」の「式部」は紫式部などの才女をもじったもの。「〜式部」という女学生の諷刺画も多数見受けられる。
✣『滑稽新聞』98号（1905）

図15-11：「狆式部」
●明治39（1906）年1月1日
✣『滑稽新聞』106号（1906）

図15-12：「天狗式部」
●明治42（1909）年4月15日
✣『大阪滑稽新聞』12号（1909）※個人蔵

図15-13：「犬糞式部」
●明治38（1905）年7月20日
二〇三高地など当時女学生たちの間で流行した髪型を諷刺している。
✣『滑稽新聞』100号（1905）

図15-14

図15-15

図15-16

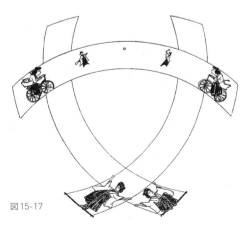

図15-17

図**15-14**:「当世庇髪」
● 明治38(1905)年4月20日
✣『滑稽新聞』94号(1905)

図**15-15**:「流行うちは絵」
● 明治38(1905)年6月20日
✣『滑稽新聞』98号(1905)

図**15-16**:「現今女学生の遊戯」
● 明治38(1905)年8月25日
✣『滑稽新聞』102号(1905)

図**15-17**:「をんな」
● 明治38(1905)年4月5日
✣『滑稽新聞』93号(1905)

図15-18:「卒業後の女学生」 ●明治39（1906）年4月20日
❖『滑稽新聞』113号（1906）

図15-19:「昨今の東京女学生風装」 ●明治39（1906）年2月5日
「蝦茶袴」＝「堕落女学生」の代名詞となったためか、袴の色が海老茶色から紫色やオリーブ色に変わったとある。紫色がシンボルカラーであった跡見女学校では、紫色の袴の着用者が増えたために、大正4（1915）年に紫紺の木綿地の上衣を制定し、他校の女学生との差別化を図っている。
❖『滑稽新聞』108号（1906）

図15-20：文相の女学生服装制定
●明治39（1906）年6月14日
文部大臣が女学生の長い袖をはさみで切り取る諷刺画。服装が華美になっていく女学生たちの服装を規制するため、特に袂の長い袖の着用を禁じ、筒袖を励行する女学校は多かった。しかし袴のように筒袖は女学生たちの心を捉えず、なかなか浸透しなかった。
❖『やまと新聞』（1906）

第16章
改良服

　女学生の服装として普及した袴は、外に向かっては身分と所属を表したが、学校の中では特に体操の際に、着流しの着物に比べてという条件付きではあるが、動きやすい服装として重宝された。この「動きやすさ」という服装の機能性は、日清戦争後の女子体育振興の過程で女学生服装に求められた重要な要素である。従来の和服では、長い袖が腕まわりの動きを妨げたり、上下一続きの長い裾が脚の動きを制約したりする問題があり、それらを解消するために上下二部形式にすることが提案された。その際、下衣として選ばれたのが袴であったといえる。動きやすさに加え、さらにもう一つ重要なのが「衛生」という点であった。この衛生には、清潔さを求める他に、成長期の児童・生徒たちの身体を健全に発達させるという意味合いが含まれていた。従来の和服は紐で縛り、さらにその上に帯を締める着方であったが、それが腹部や胸部を圧迫し、骨格の歪みや消化不良を引き起こすとして問題視された。袴着用の場合は、身体を圧迫する帯を締めないため、そうした意味で「衛生的」な服装であった。なお、こうした和服の問題点を医学的な見地から指摘したのは、お雇い外国人のドイツ人医師ベルツ(1849－1913)である。明治32(1899)年に「女子の体育」と題する講演を行ない、その中で服装の問題点と改良の方向性について言及した。

　ベルツによって指摘された服装の問題点を解消すべく、医師、教育家、美術家などによりさまざまな改良案(改良服)が提案された。興味深いのは、それぞれの提案者が他の国・地域の服装を参照し、その良いところを折衷して、優れたデザインを生み出そうとしているところである。さらにデザインのアイディアは歴史的な様式にも及び、奈良時代やそれ以前の時代の服装が参照された事例もある。

　この時期の改良服の提案者として有名なのが、警察医長を務め、コレラの研究者としても知られる山

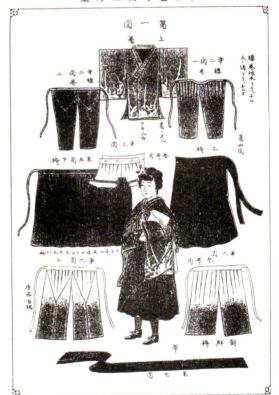

図16-1

図16-1：弘田長考案の女子改良服
◉明治34(1901)年3月25日
考案者の弘田長は、明治18(1886)年にドイツのストラスブルク医科大学に留学し小児科学を専攻。帰国後、東京帝国大学医科大学教授に着任した。図は『婦人衛生雑誌』に掲載された弘田の改良服案。上着の丈を膝までの長さにし、足の動きを考慮して左右を脇を少し開けている。下衣の袴の内側には、西欧女子の下着を参照した腰巻と朝鮮女子の下着を参照した防寒用下袴の着用を提案している。
✠『婦人衛生会雑誌』136号(1901)※大空社

図16-2

図16-2：山根正次考案の女子改良服
◉明治34（1901）年5月15日
山根正次は明治20（1887）年に『虎列刺病汎論』を著し、後に警察医長や内務省のコレラ予防委員長等を歴任した人物である。山根の考案した改良服は、上着丈を腰までとし、袖は筒袖、紐で締める代わりにボタンで留める仕立てとなっている。動きやすさを考慮するとともに、着装時の身体への緊縛感を減らす工夫がされている。
✜『婦人衛生会雑誌』138号（1901）※大空社

根正次（1857－1925）である。山根は明治35（1902）年に『改良服図説』を出版し、自らのアイディアを世に公表している。この著書で、山根は明治33（1900）年に万国体育会のため渡欧し、コルセットの弊害をはじめヨーロッパで女性の服装改良が叫ばれていることを知り、帰国後改良服の試作に取りかかった経緯を記している。また試作にあたり、陸軍少尉から入手した中国の婦人服を研究したり、著書に古代日本の農夫の服装の図を掲載したりし、さまざまな服装を参照したことが窺える。こうした改良服の考案の仕方について、山根は次のように述べている。

衣服を改良するにはどう云ふ工合に致したら宜しからうかと云ふので、いろいろ各種の衣服を取り集めて考へて見ましたが、どうも皆別々になつて居るものですから、それぞれ長短がありまして、あすこが宜しければここがわるいと云ふ様に何れも不完全であります。それで私は此の各種の服の中から宜しい所を採つて、つまりどの服でもない一種特別のものを案じ出したので御座ります。それで日本服に似た所もあれば、西洋の着物に似た所もあります。（略）日本の方から見れば、西洋服の焼直しの様にありますが、西洋の方から見ると日本服の焼直しと見えるで御座りませう。併しどちらの服でも共に数千年の来歴がありまして、今日まで兎に角、人の着物として用ゐられて居るので、人間の体躯の形に従つて造られてあるのでありますから、私の考案の衣服とても全然形の異なつたものを作る訳には参りません。矢張り似寄つたもので御座ります。　　　　　　（『改良服図説』）

さまざまな服装のよいところを採った結果、日本服でもあるような、西洋服でもあるような「一種特別」な改良服が案出されたという。当時の改良服案を見ていると、不思議な違和感（なじみのなさ）を覚えることがあるが、それはこうした各種様式の折衷という点に由来していると思われる。あるいは改良服がその後浸透せず、理論やアイディア止まりとなってしまったことも関係していよう。改良服は機能的・衛生的・経済的な服装様式の案出を目的としたが、その完成形は提案者によりさまざまであった。和服というシルエットがほぼ統一され、平面的な構成の衣服に慣れた日本人にとって、服装の様式をデザインするという初めての試みが明治30年代の改良服であったといえるのかもしれない。実際にはほとんど着用されなかったようであるが、当時の改良服の試行錯誤を眺めてみるのもなかなか興味深い。

図16-3

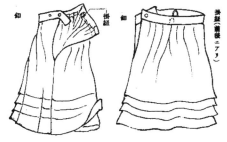

図16-4

図16-3：山根正次の改良服（写真） ●明治35（1902）年
山根は明治35（1902）年に、改良服のアイデアや考案に至った経緯などを詳細にまとめた『改良服図説』を刊行した。写真はその口絵に掲載されたもので、改良服を着用した山根の家族が写っている。山根は自身の家族に改良服を着せ、その効果を確かめた。
❖山根正次『改良服図説（初版）』(1902)※国会図書館デジタルコレクション

図16-4：山根正次の改良服（図①） ●明治35（1902）年
図は『改良服図説』に掲載された女子の改良服。子どもの成長に合わせて調整できるよう上着には肩あげ、袴（スカート）には裾あげが付けられている。従来の着物のように紐で締めるのではなく、ボタンや掛紐で着装する工夫がされている。
❖山根正次『改良服図説（初版）』(1902)※国会図書館デジタルコレクション

図16-5：山根正次の改良服（図②） ●明治35（1902）年
内側に着る下着から着装の順番を示している。女子の他にも男子の改良服の図も掲載されている。
❖山根正次『改良服図説（初版）』(1902)※国会図書館デジタルコレクション

図16-6：横井玉子考案の女子改良服 ●明治34（1901）年
横井玉子は、明治33（1900）年に設立された女子美術学校の舎監兼幹事を務めた。幼少期に父の故郷の熊本に移り住み、その際アメリカ人教師に洋裁を習った経験をもつ。横井が考案した改良服の特徴は、立体的な袖山の膨らみにある。この袖のデザインは、欧米で流行した「レッグ・オブ・マトン・スリーブ（羊脚袖）」に由来するといわれている。平面的な和裁と立体的な洋裁を組み合わせた横井独自の改良服案である。
❖『婦人衛生会雑誌』(1901)141号※大空社

図16-5

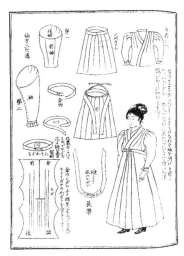

図16-6

図16-7：東京裁縫女学校の教職員
◉明治34（1901）年6月5日
裁縫教育に携わり、和洋裁縫伝習所（後の東京裁縫女学校、現・東京家政大学）を設立した渡辺辰五郎も女子改良服を考案している。写真は東京裁縫女学校の教職員であるが、最前列に座る女性たちの袖は筒袖となっている。
❖『女学世界』1巻7号（1901）

図16-8：渡辺辰五郎の改良服（図①）
◉明治36（1903）年
渡辺が考案した改良服の図。
❖渡辺辰五郎『婦人改良服裁縫指南』（1903）
※国会図書館デジタルコレクション

図16-9：渡辺辰五郎の改良服（図②）
◉明治36（1903）年
同上
❖渡辺辰五郎『婦人改良服裁縫指南』（1903）
※国会図書館デジタルコレクション

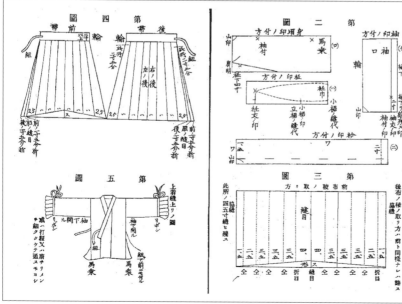

図16-10：渡辺辰五郎の改良服（図③）
◉明治36（1903）年
改良服の製作方法を示した図。先述の山根は改良服の製作を妻に任せていたが、渡辺は自身が裁縫のプロであったため、製作方法から指南することができた。
❖渡辺辰五郎『婦人改良服裁縫指南』（1903）※国会図書館デジタルコレクション

図16-11：改良服（雛形）
◉明治38（1905）年
渡辺は衣服の実寸サイズではなく、ミニチュア版の雛形を製作する方法を提唱し、効率的な裁縫教育を実践した。同資料は、明治38（1905）年に製作された改良服の裁縫雛形である。東京家政大学博物館には、重要有形民俗文化財に指定された裁縫雛形のコレクションが多数所蔵されている。
※東京家政大学博物館蔵

図16-12：改良服を着た東京裁縫女学校の学生
◉明治34（1901）年
※東京家政大学博物館蔵

図16-13：渡辺式改良袴（図①）
◉大正2（1913）年
渡辺辰五郎の長男・滋が考案した袴。内側のボタンをとめると、ズボン状になり、裾の紐を締めるとブルマーになるアイディアである。
❖渡辺滋『渡辺式改良女袴製作法』（1913）※国会図書館デジタルコレクション

図16-14：渡辺式改良女袴（図②） ◉大正2（1913）年
❖渡辺滋『渡辺式改良女袴製作法』（1913）※国会図書館デジタルコレクション

図16-15：渡辺式改良女袴（図③） ◉大正2（1913）年
❖渡辺滋『渡辺式改良女袴製作法』（1913）※国会図書館デジタルコレクション

図16-16：渡辺式改良袴（雛形） ◉明治45（1912）年
※東京家政大学博物館蔵

図16-13

図16-14

図16-15

図16-16

図16-17

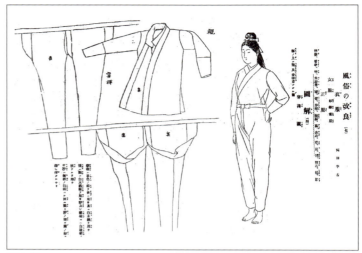

図16-18

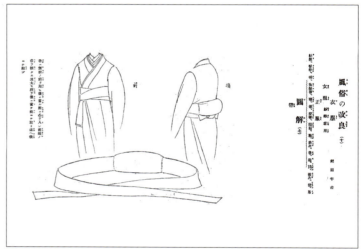

図16-19

図16-20

図16-17：梶田半古考案の改良服
◉明治34（1901）年7月5日
日本画家で新聞雑誌に多く挿絵を手がけた梶田半古も女子の改良服を誌上に多数発表している。この写真は、「改良婦人服の正装」というタイトルが付けられており、ベールを頭からかぶった装いである。
❖『女学世界』1巻9号（1901）

図16-18：梶田半古考案の改良服（図①）
◉明治34（1901）年3月27日
梶田が考案した改良服案は、明治34（1901）年の『読売新聞』に複数回にわたって紹介されている。これらはすべて1面のトップに掲載されており、注目されたことが窺える。改良服の構成は、下着として褌、襯衣、穿褌を着け、その上に胴服、襲、表衣、帯、裳、袴を着用する。梶田はこれらの改良服を日本古代の服装と東洋諸国の服装を参照して考案したという。どことなく不思議な印象を受けるのは、各時代や各地域の特徴を折衷したからであろう。
❖『読売新聞』（1901）

図16-19：梶田半古考案の改良服（図②）
◉明治34（1901）年4月9日
❖『読売新聞』（1901）

図16-20：梶田半古考案の改良服（図③）
◉明治34（1901）年4月10日
❖『読売新聞』（1901）

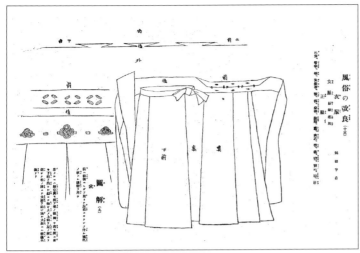

図16-21

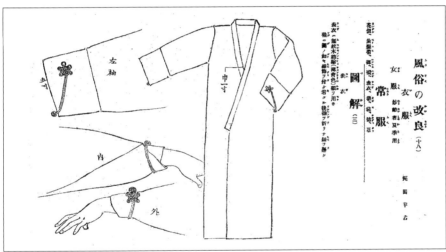

図16-22

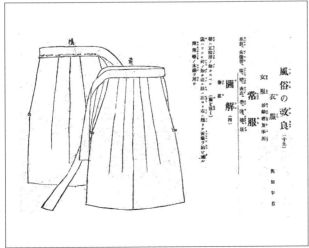

図16-23

図16-24

図16-21：梶田半古考案の改良服（図④）
- 明治34（1901）年4月16日
- 『読売新聞』(1901)

図16-22：梶田半古考案の改良服（図⑤）
- 明治34（1901）年6月27日
- 『読売新聞』(1901)

図16-23：梶田半古考案の改良服（図⑥）
- 明治34（1901）年6月28日
- 『読売新聞』(1901)

図16-24：梶田半古考案の改良服（図⑦）
- 明治34（1901）年7月1日
- 『読売新聞』(1901)

第17章
大正時代の女学生スタイル

　大正時代に入っても、前半までは袴が女学生の服装として引き続き着用された。明治時代には海老茶色の袴が多く着用され、「海老茶式部」というあだ名まで生まれたが、その後、紫や紫紺の袴を選ぶ女子が多くなり、もともと紫の袴を同校のシンボルとしていた跡見女学校では、自校と他校の生徒を区別するために制服制定が行なわれた。大正4（1915）年の大正天皇の即位を記念して、同校では紫紺色の木綿地の着物に紫の袴を合わせる、全身紫色の制服が制定された。跡見女学校では、バンド型の徽章や袴章ではなく、色が学校のシンボルとなった。

　その他、大正時代には袴の丈が明治時代よりも短くなり、袴の着用位置も明治時代には胸高に着けていたが、ウエストの位置にまで下がってくる。また、先の「改良服」の項目で渡辺式改良女袴を紹介したが、運動の際に脚が左右に分かれ、裾を括ることのできる袴も穿かれるようになっていく（写真は後掲の「体操服」を参照）。足もとも草履から革靴へと変わり、和服といえどもより活動的なスタイルへと変わっていくのが大正時代である。

図17-1：学習院女子部の礼法実習（中学科）　●大正4（1915）年大正天皇の即位を記念して学習院が作成した写真帖。紋付の着物、袴の後ろ腰に入れられた二目落としのライン、二〇三高地と思われる髪型の様子がよく分かる。
❖『大礼奉献学習院写真』（1915）※学習院アーカイブズ蔵

図17-1

図17-2

図17-3

図17-4

図17-5

図17-2：学習院女子部の唱歌授業（中学科）
◉大正4（1915）年
髪を後ろに下げてまとめた髪型をしている生徒が多い。
✣『大礼奉献学習院写真』（1915）※学習院アーカイブズ蔵

図17-3：学習院女子部の習字授業（小学科）
◉大正4（1915）年
数名の洋服着用者が確認できる。和服の児童は、墨汁で袖を汚さないように気をつけたと思われる。児童が使用している机と椅子は、正しい姿勢が保てるように一体型となったものである。
✣『大礼奉献学習院写真』（1915）※学習院アーカイブズ蔵

図17-4：女子学習院中学科時代の安子女王
◉大正期
安子女王は菊磨王の第一王女として明治34（1901）年に誕生。明治41年（1908）に学習院女学部初等学科入学、大正8年（1919）に女子学習院中学科を卒業。
※学習院大学史料館蔵

図17-5：跡見女学校の平常服（人形）
跡見女学校では大正4（1915）年に木綿地の紫紺色の着物と羽織を制定した。大正天皇の即位を記念しての制定であった。もともと紫の袴が着用されており、この平常服の制定により全身紫のスタイルとなった。
✣『跡見学校の校服をたどる』（1998）※跡見学園女子大学花蹊記念資料館

第17章 ❖ 大正時代の女学生スタイル | 111

図17-6

図17-7

図17-8

図17-6：平常服をまとった生徒たち
◉大正13(1924)年
大正7(1918)年には「ガバレット」と呼ばれる、三つ編を頭部に巻きつける髪型が定められた。
✥『跡見学校の校服をたどる』(1998)※跡見学園女子大学花蹊記念資料館

図17-7：城崎郡立高等女学校の卒業写真
◉大正4(1915)年3月
明治42(1909)年に郡立の高等女学校として創立、大正11(1922)年に県立豊岡高等女学校と改称(現・兵庫県立豊岡高等学校)。郡立時代の生徒たち。袴には袴章もバンドも付いていない。昭和初期に「橘」のバッジ型の徽章が制定された。
✥兵庫県城崎郡立高等女学校『卒業記念写真帖』(1915)※個人蔵

図17-8：西大寺町立高等女学校の卒業写真
◉大正8(1919)年3月
明治34(1901)年に町立の女学校として創立、明治39(1906)年に町立高等女学校として認可され、大正11(1922)年に県立移管された(現・岡山県立西大寺高等学校)。紋付の式服を着用している。右上には入学当時の写真が掲載されている。
✥西大寺町立高等女学校『卒業記念写真帖』(1919)※個人蔵

図17-9

図17-9：西大寺町立高等女学校の校舎
◉大正8(1919)年3月
大正期の校舎。
✥西大寺町立高等女学校『卒業記念写真帖』(1919)※個人蔵

図17-10

図17-11

図17-10：京都府立第二高等女学校生徒の卒業記念写真
◉大正9（1920）年
明治37（1904）年に京都で二番目の府立高等女学校として創立（現・京都府立朱雀高等学校）。補足（100字）
※京都市学校歴史博物館蔵

図17-11：御城実科高等女学校の三年生　◉大正9（1920）年4月
明治44（1911）年に組合立の実科高等女学校として創立、大正11（1922）年に県立の高等女学校に昇格する（現・茨城県立水海道第二高等学校）。袴に白線が入れられていたことが分かる。
❖水海道町外六ヶ村学校組合立御城実科高等女学校『創立十周年記念写真帖』（1920）※個人蔵

図17-12：東京女子高等師範学校附属高等女学校の通学服（大正10年頃）
◉昭和9（1934）年頃制作
大正期になると、袴を着ける位置が下がり、袴丈も短くなっていく。大正後期には、前髪を大きく張り出す二〇三高地の髪型も次第に見られなくなる。
※お茶の水女子大学蔵

図17-13：名古屋市立第一高等女学校の卒業写真
◉大正11（1922）年3月
明治29（1896）年に愛知県名古屋高等女学校として創立、明治45（1912）年に名古屋市立第一高等女学校に改称（現・名古屋市立菊里高等学校）。紋付の式服が着用されている。
❖名古屋市立第一高等女学校『卒業記念』（1922）※個人蔵

図17-12

図17-13

第17章 ❖ 大正時代の女学生スタイル　｜　113

図17-14

図17-15

図17-14：忍高等女学校の一年生 ●大正14（1925）年4月
大正4（1915）年に町立の実科高等女学校として創立、大正10（1921）年に郡立、大正12（1923）年に県立、大正14（1925）年に高等女学校に昇格（現・埼玉県立行田女子高等学校）。袴章が確認できる。
✢埼玉県立忍高等女学校『創立十周年記念写真帖』（1925）※個人蔵

図17-15：同校の化学実験
●大正14（1925）年4月
右側に写る、椅子に腰掛けた女学生の袴の裾は床に付いている。
✢埼玉県立忍高等女学校『創立十周年記念写真帖』（1925）※個人蔵

図17-16

図17-17

図17-16：佐賀高等女学校の家事実習（洗濯）
●大正15（1926）年3月
明治34（1901）年に県立の高等女学校として開校（現・佐賀県立佐賀西高等学校）。同校では大正12（1923）年に、和服から洋服の制服（白の換襟付き）になり、昭和9（1934）年にセーラー服に改定されている。
✢佐賀県立佐賀高等女学校『記念写真帖』（1926）※個人蔵

図17-17：同校の直心影流薙刀本型
●大正15（1926）年3月
薙刀では、特別な稽古着が着用されたようである。
✢佐賀県立佐賀高等女学校『記念写真帖』（1926）※個人蔵

図17-18：背嚢を負った女学生
●大正期
大正7（1918）年の遠足で初めて使用された。青褐色の防水布に革の縁取りがしてあるランドセルであった。
✢『世紀をこえて』（2002）※愛知県立豊橋東高等学校

図17-18

第18章
体操服

　文部省は明治11（1878）年に体操伝習所を開設し、アメリカよりリーランド（1850－1924）を招聘、体操教員の養成と体操教授法の研究を行なった。リーランドの体操理論をまとめた『新撰体操書』の挿絵には、体操をする男女の姿が描かれたが、男性が洋服、女性が和服（下にシャツを着用）であった。リーランドの後を受けて、学校教育における体操の理論・方法に指導的な役割を果たしたのが、リーランドの通訳を務めた坪井玄道（1852－1922）である。坪井が自身の研究をまとめた『普通体操法』には、女性も洋服で体操する姿が描かれている。坪井は体操伝習所が東京高等師範学校の体育専修科に改編された後、同校と女子高等師範学校で体操を指導しており、女子高等師範学校の卒業写真には、坪井の著書に描かれた体操服を着用した同校学生が確認できる。

　女子高等師範学校で女性の体操教員が養成されるようになったのは、井口阿くり（1871－1931）がアメリカ留学を命じられ、スウェーデン体操を学び帰国した明治36（1903）年以降である。井口は帰国後、文部省体操遊戯取調委員会に加わり、女子の体操服考案に関わる。この時、留学先のアメリカの体操学校で着用されていたセーラー型の体操服を提案し、女子高等師範学校では井口の指導のもと、この体操服を着用してスウェーデン体操が行なわれた。井口が提案した体操服は袴をスカートに変えることで、平常服としても着用できるものであった。また綿製の小倉織とウール製の黒セルの2種類が考案され、本郷にある大河内治郎商店で製作された。

　一方、良妻賢母の育成が目指された高等女学校では、とりわけ日清戦争後に女子体育が振興、身体面の強化が重視され始めた。病死者を多く出した日清戦争を経験したことで、兵士および国民の健康な身体づくりの必要性が叫ばれ、女子教育では体育を振興し、子どもを生み、育てる女性の健康な身体育成

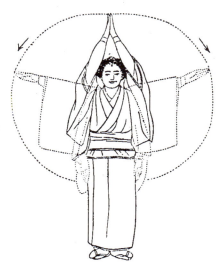

図18-1：体操の図（着物）
◉明治15（1882）年
リーランドは明治11（1878）年に体育教員の養成機関として開設された体操伝習所に招聘されたお雇い外国人。彼の体育理論を坪井玄道が訳し、出版された体操書には着物を着て体操する女性の姿が描かれている。着物の下にはシャツを着ている。
✥リーランド編『新撰体操書』（1882）※国会図書館デジタルコレクション

図18-2：福岡高等女学校創立時の体操服
◉明治31（1898）年頃
袴が着用される以前の体操時の服装。当時の服装は木綿の着物にモスリンの帯、髪は銀杏返しや桃割で、体操の時間には紅いたすきに草履ばきであった。
✥『福岡中央百年史』（1998）※福岡県立福岡中央高等学校

図18-1　　　　　　　　　　　　　図18-2

に取り組み始めたのである。当初は通常の和服で体操が行なわれたが、次第に袴が普及し、さらに長袖を襷がけにして留めたり、脚が左右に分かれる改良袴や体操帽などを着用したり、体操のための服装が模索されていく。女子高等師範学校附属高等女学校で袴が着用され始めたのは、明治31（1898）年からで翌年には全員の生徒が着用するようになった。袴を着用するようになって、体操をする際に以下のような変化があったという。

　漸く体操や遊戯の時に足の出る事を気にしいしいしなくてもいい様になったのでした。それ迄の体操、今考へると変なものです、長い袖に赤だの桃色だののたすきを掛けて赤い帯をしめ、一ッ二ッ三ッ四ッといつて足を前に出す、桃割れの上へ両方の手を響にさわらない様に向ひ合せにのばす時などの苦心と云つたら現在学校でやつて居られるあの軽快な何とも云へない生き生きとした美しい立派な合同体操などとくらべて全く文字通りの隔世の感がいたします。袴をはく様になり二枚三枚草履が靴に変つて、日本髪が段々少なく束髪おさげの方が優勢になつて来て今度は運動熱が盛になる様になりました。坪井先生がダンスをお教へになつて皆が遊戯の時間にダンスダンスといひ出しました。其後卅三四年頃学校でテニスの道具をはじめて女学校の方にも使用させる様になつたのです。運動場で追羽根をしたり輪なげやまりつきをしてゐた私達は急に何だか大人のものがつかへる様な嬉しさでした。
（『作楽』45号）

　履物が草履から靴に変わり、また運動の内容も追羽根・輪なげ・まりつきからダンス・テニスに変わっていった。着物の裾がはだけるのを押さえながら走ったり、桃割れの髪型を崩さないように体操したりする苦労から解放され、身体を動かすことに興味や喜びを見出した様子がよく伝わってくる。

　大正期に入り、第一世界大戦が勃発すると、総力戦において活躍した欧米女性と並ぶ体格や体力の獲得を目指し、女子体育のさらなる振興が目指された。当時の体操の写真をみると、肋木につかまって勇ましいポーズをとったり、テニス・野球などのスポーツで激しい動きをしていたり、運動強度が明治時代に比べ、はるかに高くなっていることが分かる。大正中頃には、より動きやすい服装を目指して洋服の体操服が導入された。体操服での洋服着用を経て、大正末より昭和初期にかけて洋服の制服が各地の女学校で制定されていく。

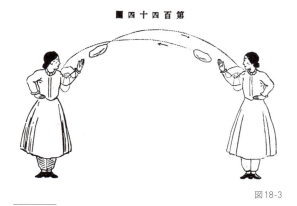

図18-3：体操の図（洋服）
●明治20（1887）年
坪井玄道はリーランドの通訳を務め、その後学校教育における体操法を成立させた人物である。坪井らがまとめた『普通体操法』の挿絵には、洋服を着た女性が描かれている。
※坪井玄道、田中盛業編『普通体操法』(1887)※国会図書館デジタルコレクション

図18-4：坪井玄道と体操服を着た女子師範生
●明治35（1902）年
明治35（1902）年の女子高等師範学校の卒業写真。学生たちは坪井の著書にあるような洋服の体操服を着用している。
※お茶の水女子大学蔵

図18-5：お茶の水高女の運動会
● 明治36（1903）年12月10日
女子高等師範学校附属高等女学校の運動会を描いた挿絵。この挿絵には、長袖の着物（襷がけあり・襷がけなし）、筒袖状の改良、洋服を着用した生徒が描かれている。
❖『風俗画報』279号（1903）※個人蔵

図18-6

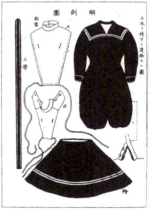

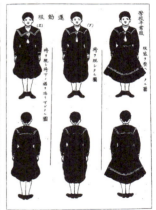

図18-7

図18-6：井口阿くりと体操服を着用した女子師範生
● 明治42（1909）年
井口阿くりは女子高等師範学校の卒業生で、明治32（1899）年よりアメリカに留学、帰国後母校で女性体操教員の養成に尽力した。写真は井口が提案したセーラー型の体操服を着た国語体操専修科の学生たち（最前列中央の黒い衣服を着用しているのが井口）。
※お茶の水女子大学蔵

図18-7：セーラー型体操服（図） ● 明治39（1906）年
井口は明治37（1904）年に文部省体操遊戯取調委員会の委員となり、女子の体操服の考案を担当した。翌年に委員会の報告書が提出され、体操服の図は明治39（1906）年に刊行された『体育之理論及実際』に掲載された。
❖ 井口あくり・可児徳・川瀬元九郎・高島平三郎・坪井玄道『体育之理論及実際』（1906）※国会図書館デジタルコレクション

図18-8：スウェーデン体操 ● 明治44年（1911）
スウェーデン体操は、井口がアメリカ留学の際に学び、帰国後師範学校で実践した体操法。健康な国民の育成のため、生理学や解剖学の知見が反映され開発された。スウェーデンのリングが提唱。
※お茶の水女子大学蔵

図18-8

第18章 ❖ 体操服 117

図18-9

図18-10

図18-11

図18-12

図18-9：スウェーデン体操
●明治44年（1911）
※お茶の水女子大学蔵

図18-10：スウェーデン体操
●明治44年（1911）
※お茶の水女子大学蔵

図18-11：黒セル製体操服
●明治44年（1911）
体操服には綿の小倉製とウールの黒セル製があった。写真は黒セル製の体操服と思われる。
※お茶の水女子大学蔵

図18-12：黒セル製平常服
●明治44年（1911）
明治39年の『体育之理論及実際』の体操服の図には「学校平常服」が提案され、ブルマーをスカートに取り替えれば、学校での平常服ともなった。写真は黒セル製の学校平常服と考えられる。
※お茶の水女子大学蔵

図18-13

図18-14

図18-15

図18-16

図18-13：セーラー型体操服（実物）正面
◉大正9（1920）年頃
大正9（1920）年の東京高等師範学校家事科卒業生のセーラー型体操服。綿の小倉製。上着の襟元のタグには「OKOCHI & CO.」とあり、当時本郷にあった大河内治郎商店で誂えられたことが確認できる。
※お茶の水女子大学蔵

図18-14：セーラー型体操服（実物）背面
◉大正9（1920）年頃
※お茶の水女子大学蔵

図18-15：雨天体操場での遊戯（岡山山陽高等女学校）
◉明治38（1905）年頃
女性の体操教員の養成が目指された東京女子高等師範学校では、セーラー型の洋服の体操服が着用されたが、普通教育を行なう高等女学校では和服のまま体操や遊戯が行なわれた。
※山陽学園蔵

図18-16：学習院女子部（中学科）の体操
◉大正4（1915）年
体操の際、長い和服の袖は襷がけで留められた。
❖『大礼奉献学習院写真』（1915）※学習院アーカイブズ蔵

第18章 ❖ 体操服

図18-17：城崎郡立高等女学校の体操
◉大正4（1915）年3月
✣兵庫県城崎郡立高等女学校『卒業記念写真帖』(1915)※個人蔵

図18-18：和装でのローンテニス（岡山山陽高等女学校）
◉明治36（1903）年頃
岡山の山陽高等女学校では、明治36（1903）年に初めてテニス大会が開かれた。当時はズボン状に改良された袴が穿かれた。
※山陽学園蔵

図18-19：弘前高等女学校の体操服
◉大正8（1919）年
明治34（1901）年に青森県第一高等女学校として創立、明治42（1909）年に県立弘前高等女学校に改称（現・青森県立弘前中央高等学校）。他の女学校でもしばしば写真のような白い帽子が被られた。
✣『八十周年記念誌』(1980)※青森県立弘前中央高等学校

図18-20：ヘッドスライディング（愛媛今治高等女学校）
◉大正7（1918）年
明治32（1899）年に町立の高等女学校として創立、明治34（1901）年に県立移管された（現・愛媛県立今治北高等学校）。大正期の体育の写真は、女学生たちの勇ましい姿が多く残されている。第一次世界大戦後の女子体育の振興により、各女学校でより運動強度の高い競技や体操が取り入れられた。
✣『創立百周年記念写真誌』(1999)※愛媛県立今治北高等学校

図18-17

図18-18

図18-19

図18-20

図18-21

図18-22

図18-23

図18-21：二階堂トクヨのチュニック体操服
井口阿くりの後、二階堂トクヨが第一次世界大戦勃発直前のイギリスに留学し、当時最新の体操理論とチュニック型の体操服を日本に持ち帰った。二階堂は帰国後、東京女子高等師範学校に奉職したが、大正11（1922）年に後の日本女子体育大学となる二階堂体操塾を設立した。
※二階堂学園蔵

図18-22：肋木体操（岡山山陽高等女学校）
◉大正15（1926）年
大正後期になると洋服の体操服が着用されるようになっていく。
※山陽学園蔵

図18-23：忍高等女学校の体操
◉大正14（1925）年4月
同じ写真帖に掲載されたクラス写真では和服が着用されているが、体操では写真のような軽快な洋服が着用されている。体育の時に着替えるようになるのは、体操服に洋服が取り入れられた頃と思われる。
✤埼玉県立忍高等女学校『創立十周年記念写真帖』(1925)※個人蔵

図18-24：佐賀高等女学校のダンス（ファウスト）◉大正15（1926）年
卒業記念の個人写真には紋付の式服を着用して写っているが、ダンスでは写真のようなシャツにスカート、白の帽子を被っている。なお前章の終わりに掲載した薙刀の写真（前掲図17-17）も同校のものだが、薙刀の際は和服が着用されている。
✤佐賀県立佐賀高等女学校『卒業記念』(1926)※個人蔵

図18-24

図18-25

図18-25：リトミックダンス（成城高等女学校）
◉昭和初期
小林宗作が創案したリトミックダンスをする成城高等女学校生徒。大正自由教育運動の中で、幼児・児童により自由で芸術的な音楽教育を施すことが志向され、小林は音楽と体操を結合した独自のダンスを創案した。小林はトモエ学園を創設した人物としても知られる。
※成城学園教育研究所蔵

図18-26：デンマーク体操（成城高等女学校）
◉昭和初期
スウェーデン体操を考案したリングの体操理論をもとに、デンマークのニルス・ブックが開発した体操。昭和6（1931）年にニルス・ブックが来日し、玉川学園や成城学園、自由学園を訪問している。
※成城学園教育研究所蔵

図18-26

図18-27

図18-27：女子学習院の体操服
◉昭和9（1934）年
女子学習院では昭和9（1934）年にスポーツ襟、三分袖のブラウス（天竺木綿またはキャラコ）、マチ付のスカート（紺セル・紺サージ）の体操服が制定された。
✥『おたより』60号（1934）※学習院女子中・高等科蔵

図18-28：体操服の仕立て方図
◉昭和9（1934）年
この体操服は裁縫の時間に自ら製作した。
✥『おたより』60号（1934）※学習院女子中・高等科蔵

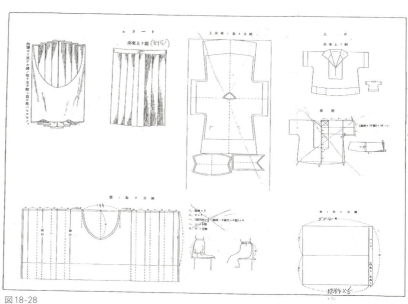

図18-28

図18-29

図18-30

図18-29：野球部のユニフォーム
◉大正13（1924）年
宮城県第二高等女学校には大正11（1922）年に軟式の野球部が創設された。女学校におけるスポーツが盛んになった頃である。写真は大正13（1924）年に行なわれた野球の試合風景。
❖『二女高の90年』（1994）※宮城県第二女子高等学校

図18-30：山口高等女学校のバスケットボール部ユニフォーム
◉大正14（1925）年
大正14（1925）年に明治神宮大会に出場した時のバスケットボール部。シャツの左胸のところに「Y」の文字が入れられ、スカートのベルト部分には徽章が付けられている。
❖『百年史』（1990）※山口県立山口中央高等学校

図18-31：諏訪高等女学校の体操服　◉昭和15（1940）年
明治41（1908）年に町立の高等女学校として創立、大正6（1917）年に県立移管された（現・長野県諏訪二葉高等学校）。この写真は昭和15（1940）年に校内で行なわれたバレーボール大会で優勝した時のもの。襞つきのブルマーは裁縫の時間に自作した。当時としてはかなり短い丈だったと思われる。
❖『写真でかたる二葉百年のあゆみ』（2008）※長野県諏訪二葉高等学校

図18-31

第19章
洋服の制服制定

　高等女学校における洋服の制服は、大正8（1919）年以降、徐々に制定されていく。先に体操服の分野で洋装化が進み、やがて通学服にも及んでくるが、この時期の洋装化の背景には、第一次世界大戦による欧米女性の服装の変化があげられる。総力戦となった第一次大戦では、女性たちが出征した男性の代替労働力となり、積極的に社会進出や戦争協力を行なった。戦時下、女性に求められた役割は、軍需品の生産や傷病兵の看護など直接戦争に関わる活動や、郵便配達人・車掌・鉄道の技師・消防士・警察官・新聞記者など各種職業への就業である。これらの職業の中には、活動に適した作業服や労働着、また職種を表す制服の着用が必要な分野もあり、とりわけ機能的な服装が求められた。そこでコルセットや装飾が取り除かれ、スカートの裾もそれまでと比べ短くなり、場合によってはズボンも着用された。大戦後には機能性を重視した「テイラード・スタイル」が広まり、こうした欧米女性の服装の変化は日本にも伝えられ、大正後期の体操服や制服の洋装化

図19-1：山脇高等女学校の洋服
● 大正8（1919）年
最も早く洋装制服を制定した女学校の一つ。明治36（1903）年に女子実修学校として創立、明治41（1908）年に高等女学校となった（現・山脇学園中学校・高等学校）。大正8（1919）年10月にワンピース型の洋服が制定された。洋服と付属品、帽子を合わせて13円80銭（仕立て代別）。三越に調製を依頼している。初期には希望者のみ着用というルールであった。
※毎日新聞社提供

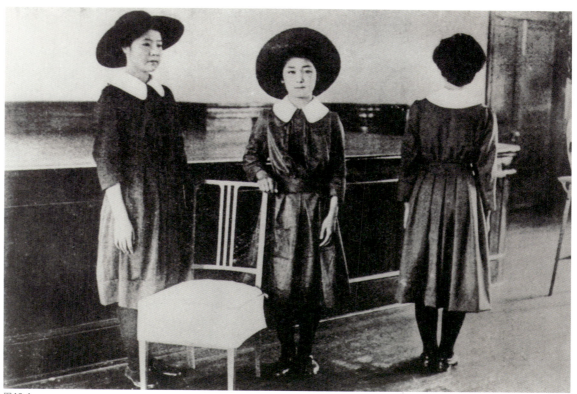

図19-1

図19-2：平安高等女学校の制服
◉大正9(1920)年
大正4(1915)年に高等女学校となった同校では、大正9(1920)年にセーラー襟のワンピース型の洋服を制定した。
❖『写真で見る125年史』(2000)※平安学院

図19-2

につながっていく。

　洋服の制服制定としては、東京の山脇高等女学校（現・山脇学園中学校・高等学校）のワンピースが最初期のものとして有名であるが、この他にも東京の成高等女学校（現・成女学園中学校成女高等学校）でも洋服（「現代服」）の制定が行なわれたことが『婦女新聞』に伝えられている（1014号）。また高等女学校ではないが、師範学校附属小学校や歯科・医科系の女子専門学校においても、同時期に洋服の制服が制定された。山脇高等女学校の初代校長を務めた山脇房子（1867－1935）は、自校で制定された制服について次のように語っている。

　何か適当な、そして何処までも女性としての美を傷けない、優美で高尚な服装を得たいと苦心を初め、（略）英国女学生の服装がいかにも質素な中に高尚な古典的なものがあるので、それ等を参考にして考案し見本として一二着型をとつて裁縫の先生につくらせ、生徒の一人に着せて見ましたところ、私自身が意外に思ふ程大変よく似合って、殊にその新装を見た生徒達は、私にも私にも云ふやうに気に入ってしまって、十着二十着といふ工合に仕立が間に合はぬ位になりました。それから三越に頼んで仕立てて貰ふことにしましたが、別にこれを一定の型にしやうと考へたほどでもなかったのですが、期せずしてその時の趣好に適したものと見へて、父兄の方々も大変賛成して下すって、今では御覧の通りのユニホームを作ってしまった次第なのです。

（『婦人画報』231号）

　新しく制定されたワンピースの洋服は、イギリスの女子学生の服装が参照されたようである。生徒にも保護者にも歓迎され、自発的に「ユニホーム」となったという。山脇房子はこれ以前より機能的かつ経済的な服装を求めて改良服の考案にも取り組んでいたが、「美的価値」が伴わないために広く普及しなかったと結論づけている。改良服の断念を経て、第一次大戦後の欧米女性の機能的なモードを取り入れた洋服が大正後期以降、女学校で着用されていくようになる。

　各女学校では同一の型の洋服を制服として制定し、着用させる場合もあったが、東京女子高等師範学校附属高等女学校では、昭和5(1930)年に5種類の標準服が選定され、生徒に洋服の型の選択肢が与えられた。そもそも学校側は、自分の体型や趣味にあった服装を選択する能力を育成するため、服装自由の方針を採るつもりであった。しかし保護者側から、制服制定の要望が寄せられ、学校は生徒の服装調査を行ない、5種類の洋服の型を提示するに至った。5種類とは、セーラー型1種、ジャンパー型2種、ワンピース型2種である。この時、一つの型に限定しなかったのは、服装選択能力の育成という教育的配慮があったためであろう。服装自由という生徒服装のあり方は理想的ではあるが、しかし洋服がまだそれほど浸透していない当時にあっては、何が通学服にふさわしいか、その判断基準が共有されていなかった。そうした中で洋服の基準づくりとして、「標準服」の試みが学校側から提案されたのであった。なお、この標準服は2年後になくなり、代わってセーラー型とジャンパー型の2種類の制服が制定された。この二つの型に生徒の人気が集中したためである。

図19-3

図19-4

図19-3：巴高等女学校の夏服
◉大正10(1921)年
明治44(1911)年に組合立巴実科高等女学校として創立、大正7(1918)年に高等女学校に昇格した(現・静岡県立清水西高等学校)。同校では大正10(1921)年に写真のような洋服が制定された。
✛『清流』(1981)※静岡県立清水西高等学校

図19-4：巴高等女学校の冬服
◉大正10(1921)年
同校では大正7(1918)年に体操服の改正が行なわれ、さらに翌年には着物と袴を一続きにした改良服が制服として制定されている。それらの試行錯誤の後、「ピーターパン・カラー」の上着にベルトを締め、スカートに白靴下、革靴の洋装となった。
✛『清流』(1981)※静岡県立清水西高等学校

図19-5

図19-5：セーラー服を着用した私立金城女学校の寄宿舎生
◉大正10(1921)年
明治22(1889)年、名古屋にキリスト教主義の私立女学校として開校(現・金城学院)。同校では大正10(1921)年にセーラー服の制服が制定された。そのデザインは、ローガン先生の娘のもっていたセーラー服がもとになって考案されたものである。
✛『金城学院百年史』(1996)※金城学院

図19-6：ローガン夫妻と家族
私立金城女学校のセーラー服の元になったローガン夫妻の娘のセーラー服。
✛『目で見る金城学院の一〇〇年史』(1989)
※金城学院

図19-6

図19-7

図19-8

図19-7：福岡女学校のセーラー服
◉大正10(1921)年
明治18(1885)年にキリスト教主義の私立女学校として創立(現・福岡女学院)。同校では大正10(1921)年にセーラー服の制服が制定された。胸当てには白い錨(讃美歌に由来)、紺サージに赤いラインの入ったデザインであった。
✤『福岡女学院90年史』(1975)※福岡女学院

図19-8：リー校長のセーラー服姿
同校のセーラー服制定にあたってはリー校長が自ら服装調査委員となって、一年がかりで研究し、自らもっていたセーラー服をもとにデザインを決定した。テーラーの太田洋服店に試作を依頼し、8回も作り直させ完成させたという。
✤『福岡女学院百年史』(1987)※福岡女学院

図19-9

図19-9：福岡女学校の夏服（大正11年制定）
冬用の紺サージのセーラー服が制定された翌年、夏用の明るい空色ギンガムの半袖の夏服が完成した。また合い服としては、白の上衣に紺のスカートが着用された。
✤『福岡女学院百年史』(1987)※福岡女学院

図19-10：福岡高等女学校の制服
◉大正10(1921)年
県立の同校では洋服の制服制定に先立ち、大正8(1919)年に白シャツとブルマーの体操服が着用された。2年後の大正10(1921)年に洋服の制服が制定され、襟とカフスに濃紺のビロードがつけられた洋服が採用された（前列右3名）。同じ型の洋服を女性教員も着用した。
✤『福岡中央百年史』(1998)※福岡県立福岡中央高等学校

図19-10

第19章 ❖ 洋服の制服制定 | 127

図19-11

図19-12

図19-11：弘前高等女学校の制服
◉大正11(1922)年
同校では大正11(1922)年に綿サージのセーラー服が制定された。セーラー服のリボンは黒、帽子は黒麦藁に白リボンが付けられた。その様子から市内の男子学生に「ブラック」と呼称されるようになった。
❖『八十年史』(1980)※青森県立弘前中央高等学校

図19-12：一関高等女学校の制服
明治40(1907)年に郡立の女子職業学校として開校、明治44(1911)年に実科高等女学校、大正8(1919)年に県立移管された。高等女学校に昇格した大正11(1921)年に洋服の制服が制定された。木綿地の淡青色のワンピースに、同色の帽子が合わせられた。デザインは同校のアメリカ帰りの卒業生が担当した。
❖『一関二高60年史』(1967)※岩手県立一関第二高等学校

図19-13

図19-13：宮城県第一高等女学校の推薦服
◉大正11(1922)年頃
明治28(1895)年に仙台女子実業学校として開校、2年後に仙台市高等女学校、明治33(1900)年に県立に移管される(現・宮城県宮城第一高等学校)。同校では大正11(1922)年に洋服の「推薦服」を数種類示し、洋服の着用を積極的に推奨した。
❖『一女高の百年』(1997)※宮城県第一女子高等学校

図19-14：豊橋市立高等女学校の制服
大正11(1922)年に紺サージのビロードの襟が付けられた洋服の制服が制定された。上着のベルト部分には白線3本が入れられているが、袴章が踏襲されたデザインとなっている。
❖『アルバムひがし』(1981)※愛知県立豊橋東高等学校

図19-15：全身写真
この制服は、名古屋のいとう屋(松坂屋)が当初調製していたが、その後豊橋市内の呉服店が引き受けるようになった。昭和2(1927)年からは上級生による調製となり、その際、ベルトの3本線はなくなった。
❖『アルバムひがし』(1981)※愛知県立豊橋東高等学校

図19-14

図19-15

図19-16

図19-17

図19-16：遠野実科高等女学校の夏服
明治41（1908）年に町立の女子職業補習学校として開校、後大正8（1919）年に実科高等女学校となる。県立に移管された大正12（1923）年にまず夏の制服が制定された。ねずみ色に紺の縞柄で、生徒が裁縫の時間に製作した。
✤『70年史』(1971) ※岩手県立遠野高等学校

図19-17：遠野実科高等女学校の冬服
冬服は紺サージで、襟と袖口、ポケット口に紺色のビロードが付けられ、上着の腰の部分でベルトを締めた。
✤『70年史』(1971) ※岩手県立遠野高等学校

図19-18

図19-19

図19-18：新潟高等女学校の冬服
明治33（1900）年に新潟県高等女学校として創立（現・新潟県立新潟中央高等学校）。同校では大正12（1923）年の新入生からセーラー服の制服を着用した。襟のふちに刺繍の色糸で、一年生は赤、二年生は黄、三年生は緑、四年生は紺を縫い取りしていた。
✤『われらの八十年』(1980) ※新潟県立新潟中央高等学校

図19-19：新潟高等女学校の夏服
同校の制服は生徒による製作で、4月に1年生が入学すると、3年生が1人ずつ補助につき、放課後に自分の制服を縫わせた。
✤『われらの八十年』(1980) ※新潟県立新潟中央高等学校

図19-20

図19-21

図19-22

図19-23

図19-20：岡山山陽女学校の夏服（大正13年制定）
◉昭和5（1930）年
大正13（1924）年に制定された夏服。紺青と白の格子じまのワンピースで、紺の帽子に白のストッキングが合わせられた。
※山陽学園蔵

図19-21：岡山山陽女学校の冬服
◉昭和7（1932）年
大正13（1924）年に制定された冬服は、紺サージのツーピースに、オリーブ色のリボン、白ピケのセーラー襟とカフス付き、黒のストッキングに黒の革靴であった。
※山陽学園蔵

図19-22：宮城県第二高等女学校の制服
◉昭和5（1930）年
同校では大正15（1926）年からセーラー型の制服が着用された。紺サージ、ネクタイは黒繻子、襟と胸当、カフスとポケットに黒線が2本付けられた。写真はセーラー服を着用した最初の卒業生。
✣『二女高90年』（1994）※宮城県第二女子高等学校

図19-23：東洋英和女学校の制服
左から幼稚園師範科、高等女学科、小学科の生徒。同じセーラー服でも上着丈やリボンの結び方に違いがある。
✣『五十年史』（1934）※東洋英和女学校

図19-24：千葉高等女学校の制服
◉昭和7(1932)年
明治33(1900)年に千葉県で最初にできた高等女学校(現・千葉県立千葉女子高等学校)。昭和3(1928)年にスカートに白線2本が入ったセーラー服が制定された。千葉高女が白線2本、女子商業が白線1本、千葉淑徳が波の白線2本を付けており、当時この白線2本を付けたさに千葉高女に入ったと証言する卒業生もいる。
✤『創立八十周年記念誌』(1982)※千葉県立千葉女子高等学校

図19-25：水戸市大成女学校の制服
◉昭和16(1941)年
明治40(1907)年、茨城県水戸市に裁縫塾として創立(現・大成女子高等学校)。昭和3(1928)年にセーラー服の制服が制定された。ネクタイには斜めに2本線が入れられている。
✤『創立九十周年記念誌』(1999)※大成女子高等学校

図19-26：東京府立第二高等女学校の制服
◉昭和14(1939)年
明治32(1899)年に創立された(現・東京都立竹早高等学校)。昭和4(1929)年にセーラー服の制服が制定された。
✤『竹早の百年』(2003)※東京都立竹早高等学校

図19-27：東京女学館の制服
東京女学館では昭和2(1927)年に、セーラー服、ジャンパースカート、オーバーブラウスの3種類が標準服として示された。その後、昭和5(1930)年に白いセーラー服が制定されている。
✤『東京女学館百年史』(1991)※東京女学館

図19-24

図19-25

図19-26

図19-27

第19章 ❖ 洋服の制服制定

図19-28

図19-29

図19-30

図19-31

図19-28：府立京都第二高等女学校の卒業記念写真
◉昭和6(1931)年頃
同校で制服の様式が固まるのは昭和10年代以降。この時期はセーラー服をそれぞれの好みで改造して着用したとのこと。
※京都市学校歴史博物館蔵

図19-29：東京女子高等師範学校附属高等女学校の通学服(セーラー服)
◉昭和9(1934)年頃
東京女子高等師範学校附属高等女学校では昭和5(1930)年に5種類の標準服が選定された後、昭和7(1932)年にセーラー型とジャンパー型の2種類の制服が制定された。
※お茶の水女子大学蔵

図19-30：東京女子高等師範学校附属高等女学校の通学服(ジャンパースカート)
◉昭和9(1934)年頃
5種類の標準服から2種類の制服に限定されたのは、当時この二つの型が特に人気であったからであった。
※お茶の水女子大学蔵

図19-31：昭和7(1932)年に制定された2種類の制服(図)
◉昭和7(1932)年
明治39(1906)年に制定された徽章は洋服になっても引き続き用いられた。
❖東京女子高等師範学校附属高等女学校『創立五十年』(1932)※国会図書館デジタルコレクション

図19-32：女子学習院の本科卒業写真
◉昭和3（1928）年
女子学習院では大正14（1925）年に標準服が制定され、和服と洋服の基準が示された。和服の場合は袖丈を短めにすること、洋服の場合はヂムドレス式（ジャンパースカート）かセーラー式とすることが決められた。昭和3（1928）年の卒業写真には、和服、ヂムドレス、セーラー服を着た生徒が写っている。
※学習院女子中・高等科蔵

図19-33：女子学習院の標準服
◉昭和8（1933）年
✣『学生服装に関する心得』※学習院女子中・高等科蔵
昭和8（1933）年には服装についてさらに細かな申合せ事項ができ、冊子にまとめられ配布された。写真はこの時配られた冊子に掲載されている標準服のセーラー服とヂムドレス。
※学習院女子中・高等科蔵

図19-32

図19-33

図19-34

図19-34：女子学習院の本科卒業写真
◉昭和9（1934）年
昭和9（1934）年になると、ほとんどの生徒がセーラー服を着用している。この後、昭和12（1937）年には現在とほぼ同じセーラー服を制服として定めた。
※学習院女子中・高等科蔵

図19-35：成城高等女学校第一回入学記念
◉昭和2（1927）年
個性教育を実践する成城高等女学校では、一律の制服規定はなかったようである。皆それぞれの洋服を着用している。
※成城学園教育研究所蔵

図19-35

第19章 ✣ 洋服の制服制定　133

図19-36

図19-37

図19-38

図19-39

図19-40

図19-36：「おやつ」の時間　●昭和初期
※成城学園教育研究所蔵

図19-37：「ハイデル」の丘　●昭和初期
ハイデルの丘とは多摩川が見渡せる成城一帯の高台のこと。成城生たちはここをよく散策した。
※成城学園教育研究所蔵

図19-38：双葉高等女学校のセーラー服
昭和9（1934）年の夏に制定されたセーラー服。セーラー服のリボンには山形の白線3本が入れられている。
✤『創立一〇〇周年記念誌』(2008)※北海道龍谷学園

図19-39：福岡県京都高等実業女学校のセーラー服
●昭和10（1935）年
明治45（1912）年に郡立の実業女学校として開校、大正12（1923）年に県立移管した（現・福岡県立育徳館高等学校）。昭和5（1930）年からセーラー服が着用された。リボンの結び方に各々こだわりがある様子が窺える。
✤『錦陵二百五十年』(2010)※福岡県立育徳館高等学校

図19-40：山陽高等女学校のセーラー服
●昭和16（1941）年
昭和9（1934）年に冬服は白線1本入りの紺のセーラー服（ワンピース）で、オリーブグリーンのネクタイを付けるものに改正された。写真は同校の鼓笛隊。
※山陽学園蔵

第20章
大正末から昭和初期の卒業アルバム

　大正後期以降、各女学校で洋服の制服が制定されていくが、初期の頃は洋服のデザインはさまざまであった。山脇高等女学校の洋服はワンピース型であったが、その後ツーピース型が主流となっていく。また初期の洋服の上着は丈が長く、腰にベルトが付けられたものが多くみられる。襟には白の襟カバーか黒のビロードがつけられることもあった。このデザインはバスの女性車掌の制服と似ており、女学生がバスの車掌と間違われることも度々あったという。各女学校における洋服の制服制定は、郡制の廃止に伴う県立昇格、実科高等女学校（実技実習の科目が多い課程の女学校）から高等女学校への昇格、その他校舎移転や新築記念をきっかけに行なわれる場合が多く、また昭和3（1928）年の昭和天皇の即位や皇族の奉迎を記念して行なった女学校もあった。昭和に入ると、徐々にセーラー服を選ぶ女学校が増え、袴に代わる女学生の服装としてセーラー服が定着していく。セーラー服は京都の平安女学院や愛知の金城女学校、福岡の福岡女学校などキリスト教主義の私立女学校において着用され始め、宣教師や外国人教師の家族が持っていたセーラー服が参照された。大正期にいったん洋服の制服が制定された女学校でも、昭和期にセーラー服に改正したところも多い。以下は、セーラー服への制服改正を要望した卒業生の回想である。

　当時の女学校は殆どの学校が夏冬共にセーラー服であったので、私達は自分達の冬の制服が如何にもみすぼらしく、野暮ったく思われて、みんなセーラー服にあこがれていた。（略）四年生の或る日、担任の先生に入智恵されて代表者二三人で校長先生に具申した。それが功を奏したのかどうか、それは疑問であるが、その年の一年生から冬服もセーラー服となった。私達は遂に冬服のセーラー服を着る事は出来なかったが、本当に嬉しかった。後輩の為に何か良い事をしたような、こそばゆいような嬉しさだったかもしれない。
　　　　　　　　　　（『児玉高校五十周年誌』）

　埼玉の児玉高等女学校では夏服はセーラー服だったが、冬服はショールカラーの上衣にジャンパースカートであった。この冬服が昭和8（1933）年にセーラー服に改正されたのであるが、上記のエピソードのように生徒からの要望があったようで、当時の

図20-1：鶴嶺高等女学校の記念写真アルバム
◉大正12年（1923）3月
明治29（1896）年、鹿児島に創立された私立女学校。明治45（1912）年に実科高等女学校が併置され、大正9（1920）に高等女学校に昇格した（現・鹿児島市立鹿児島玉龍中学校・高等学校）。
❖鶴嶺高等女学校『記念写真帖』※個人蔵

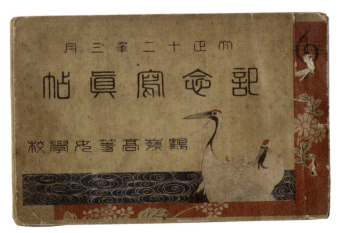

図20-1

セーラー服人気の一端を窺い知ることができる。

さて、洋服の制服着用が実現するためには、それを製作する人材や技術の習得が必要である。初期の洋服の制服は、山脇高等女学校が三越に調製を依頼したように、都市部の女学校では百貨店や呉服店で制服調製が行なわれた。地方では個人経営の洋服店に依頼したり、女学校の中には裁縫の時間に各自で製作したり、上級生が下級生の制服を仕立てたりもした。生徒が学校で制服を調製すれば経済的であり、生徒にとっては裁縫技術の習得機会ともなり、上級生が下級生に制服調製する場合には、恩愛の感情や学校への愛校心の育成にもつながった。この制服調製は、男子にはない女子の特徴であった。千葉高等女学校では、上級生が分担して新入生の制服を製作している。

　お話の初ったのが十五日であった。それから人選をして、寸法を計って、型紙を裁ち、いよいよ縫ひ始めたのは既に廿日にもなってゐた。(略)朝早く来てやる人もある。お昼休みに頑張る人もある。放課後は誰でも六時前には帰らなかった。日曜、祭日はわけてもの書入れ時であった。(略)総ては分業で行った。裁つ人、縫ふ人、アイロンをかける人、皆それぞれむづかしい仕事であった。(略)併し三十日の午後、一人一人一年生に着せて見た時の喜びは作った者でなければ味ふことの出来ないものであった。

(『創立八十周年記念誌』)

およそ半月で一年生全員分の制服を製作したことが分かる。こうした上級生による制服製作は各地の女学校でも行なわれ、その思い出が記念誌に語られている。

図20-2

図20-3

図20-4

図20-2：**本科卒業生**
着物の上に揃いの被布(改良服)を着用したことが窺える。
✜鶴嶺高等女学校『記念写真帖』※個人蔵

図20-3：**本科二年生**
数名の洋服着用者が確認できる。
✜鶴嶺高等女学校『記念写真帖』※個人蔵

図20-4：**本科一年生**
一年生には洋服着用が義務づけられたようである。襞の多くとられた帽子が特徴的である。
✜鶴嶺高等女学校『記念写真帖』※個人蔵

図20-5

図20-5：鹿児島県立第二高等女学校の卒業アルバム
◉大正13（1924）年3月
明治43（1910）年に鹿児島県女子師範学校内に設立された（現・鹿児島県立甲南高等学校）。
❖鹿児島県立女子師範学校・鹿児島県立第二高等女学校『卒業記念写真帖』※個人蔵

図20-6

図20-6：個人写真
先の鶴嶺高等女学校と同じく、被布（改良服）が着用されている。襟にはバッジ型の徽章が付けられ、紐が結ばれている。
❖鹿児島県立女子師範学校・鹿児島県立第二高等女学校『卒業記念写真帖』※個人蔵

第20章 ❖ 大正末から昭和初期の卒業アルバム ｜ 137

図20-7

図20-7：武雄高等女学校の卒業アルバム
●大正14年(1925)3月
明治41(1908)年に創立された県立の高等女学校(現・佐賀県立武雄青陵中学校・武雄高等学校)。
✣佐賀県立武雄高等女学校『卒業記念写真帖』※個人蔵

図20-8：集合写真
同校では大正12(1923)年に洋服の制服が制定された。紺サージのセーラー型で、襟にビロードが付けられた。
✣佐賀県立武雄高等女学校『卒業記念写真帖』※個人蔵

図20-9：授業風景
✣佐賀県立武雄高等女学校『卒業記念写真帖』※個人蔵

図20-8

図20-9

図20-10

図20-11

図20-10：個人写真
✤佐賀県立武雄高等女学校『卒業記念写真帖』※個人蔵

図20-11：個人写真
和装で個人写真に写る生徒もいる。
✤佐賀県立武雄高等女学校『卒業記念写真帖』※個人蔵

図20-12

図20-12：大阪市立高等女学校の卒業アルバム
◉昭和2年(1927)3月
大正10(1921)年に創立された市立の高等女学校。
✤大阪市立高等女学校『卒業記念』※個人蔵

図20-13：卒業式当日
髪にリボンや装飾品を付けた生徒が多く確認できる。
✤大阪市立高等女学校『卒業記念』※個人蔵

図20-13

第20章 ✤ 大正末から昭和初期の卒業アルバム

図20-14：図書閲覧室
和服の生徒ばかりだが、生地のデザインはモダンである。
✤大阪市立高等女学校『卒業記念』※個人蔵

図20-14

図20-15：割烹教室
✤大阪市立高等女学校『卒業記念』※個人蔵

図20-15

図20-16(1)

図20-16（2）

図20-16：個人写真
紋付の式服に袴を着用した生徒がほとんどだが、皆それぞれの色や柄が選ばれ、統一感は感じられない。また髪にリボンを留めたり、華やかな雰囲気を漂わせる。洋服で個人写真に写っているのはほんの数名程度。
❖大阪市立高等女学校『卒業記念』※個人蔵

図20-17

図20-17：糸島高等女学校の卒業アルバム
◉昭和4年（1929）3月
明治35（1902）年に組合立の女子実業補習学校として創立、大正10（1921）年に郡立の実科高等女学校となり、3年後に県立の高等女学校に昇格した（現・福岡県立糸島高等学校）。
❖福岡県糸島高等女学校『卒業記念写真帖』※個人蔵

図20-18：裁縫教室
裁縫教室におけるミシンの配置は各校さまざま工夫されている。
❖福岡県糸島高等女学校『卒業記念写真帖』※個人蔵

図20-18

図20-19：体操
白の上衣とブルマーの体操服に白の帽子が被られている。
❖福岡県糸島高等女学校『卒業記念写真帖』※個人蔵

図20-20：バスケット・バレーの選手
体操服には襟元と袖口にラインが入れられている。
❖福岡県糸島高等女学校『卒業記念写真帖』※個人蔵

図20-19

図20-21

図20-21：個人写真
洋服の制服は大正12（1923）年に制定されたようである。襟の付け方により前開きの角度や広さが異なり、胸当てが多く見える生徒とほとんど見えない生徒がいる。一つずつ手作りで制服が製作された頃ならではであろう。
❖福岡県糸島高等女学校『卒業記念写真帖』※個人蔵

図20-20

図20-22：千葉淑徳高等女学校の卒業アルバム
◉昭和5年(1930)3月
大正14(1925)年に創立された私立の女学校(現・千葉明徳中学校・高等学校)。
✤千葉淑徳高等女学校『卒業記念』※個人蔵

図20-23

図20-23：裁縫教室
当時使用された足踏みミシン。生徒は和服で裁縫実習を受けている。
✤千葉淑徳高等女学校『卒業記念』※個人蔵

図20-24：体操
体操服は上衣が白シャツで、下衣は制服の波の白線が付けられたスカートを穿いている。
✤千葉淑徳高等女学校『卒業記念』※個人蔵

図20-25：修学旅行
和服と洋服が入り混じっている。
✤千葉淑徳高等女学校『卒業記念』※個人蔵

図20-24

図20-25

第20章 ❖ 大正末から昭和初期の卒業アルバム

図 20-26

図 20-27

図 20-26：記念写真
全員和服。足元は黒のストッキングに黒の革靴である。
❖千葉淑徳高等女学校『卒業記念』※個人蔵

図 20-27：記念写真
右から4番目の生徒は足袋と草履である。
❖千葉淑徳高等女学校『卒業記念』※個人蔵

図 20-28：記念写真
❖千葉淑徳高等女学校『卒業記念』※個人蔵

図 20-29：記念写真
❖千葉淑徳高等女学校『卒業記念』※個人蔵

図 20-28

図 20-29

図20-30

図20-30：記念写真
左端の生徒は爪掛を付けた下駄を履いている。
✤千葉淑徳高等女学校『卒業記念』❁個人蔵

図20-31

図20-31：記念写真
砂浜での記念撮影。犬も写っている。
✤千葉淑徳高等女学校『卒業記念』❁個人蔵

図20-32

図20-32：七尾高等女学校の卒業アルバム
◉昭和6年(1931)3月
石川県立七尾高等女学校は、明治44(1911)年に郡立の実科高等女学校として創立し、大正12(1923)年に県立の高等女学校に昇格した(現・石川県立七尾高等学校)。
✤石川県立七尾高等女学校『卒業記念写真帖』❁個人蔵

図20-33

図20-33：記念写真
県立移管した大正12年に洋服の制服が制定され、数年後にセーラー衿に変わったようである。
✤石川県立七尾高等女学校『卒業記念写真帖』❁個人蔵

第20章 ❖ 大正末から昭和初期の卒業アルバム

図20-34

図20-34：記念写真
✤石川県立七尾高等女学校『卒業記念写真帖』※個人蔵

図20-35

図20-35：スキー場の残雪
写真の生徒たちはスキー板を付けている。
✤石川県立七尾高等女学校『卒業記念写真帖』※個人蔵

図20-36

図20-36：東京府立第一高等女学校の行啓記念写真アルバム
◉昭和6年(1931)7月4日
本アルバムは昭和6(1931)年7月4日の皇后の行啓を記念して制作された。
✤東京府立第一高等女学校『行啓記念』※個人蔵

図20-37：皇后の到着
✤東京府立第一高等女学校『行啓記念』※個人蔵

図20-37

図20-38

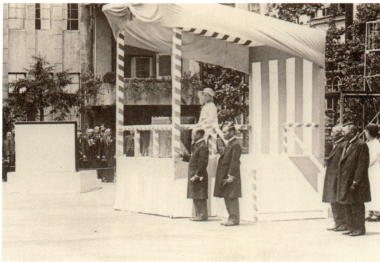

図20-39

図20-40

図20-38：生徒製作品の見学
❖東京府立第一高等女学校『行啓記念』
❖個人蔵

図20-39：体操を見学する皇后
❖東京府立第一高等女学校『行啓記念』
❖個人蔵

図20-40：体操を披露する生徒たち
同校では大正13（1924）年にボレロとジャンパースカートの制服が制定された。
❖東京府立第一高等女学校『行啓記念』
❖個人蔵

第20章 ❖ 大正末から昭和初期の卒業アルバム | 147

図20-41：体操を披露する生徒たち
❖東京府立第一高等女学校『行啓記念』※個人蔵

図20-42：体操を披露する生徒たち
❖東京府立第一高等女学校『行啓記念』※個人蔵

図20-43

図20-45

図20-43：福岡高等女学校の卒業アルバム
●昭和6年(1931)3月
大正10(1921)年に襟とカフスにビロードの付いた洋服が制服として制定されたが、その後昭和2(1927)年にセーラー服に改正された。
❖福岡高等女学校『卒業記念写真帖』※個人蔵

図20-44：授業風景
セーラー襟の後ろのラインがよく分かる。また三つ編を一本にして後ろに垂らす髪型の生徒が多い。
❖福岡高等女学校『卒業記念写真帖』※個人蔵

図20-44

図20-45：体育
この体操服は大正8(1919)年に改正されたものと思われる。襟に2本の黒線が付けられている。
❖福岡高等女学校『卒業記念写真帖』※個人蔵

図20-46

図20-46：テニス部
テニス部のユニフォーム。シャツの真中に「福女」と入れられている。
❖福岡高等女学校『卒業記念写真帖』※個人蔵

図20-47

図20-47：船上での記念撮影
修学旅行の際に撮られたものと思われる。
❖福岡高等女学校『卒業記念写真帖』※個人蔵

図20-48：阿蘇登山
夏服の制服や体操服を着用している。
❖福岡高等女学校『卒業記念写真帖』※個人蔵

図20-48

第20章 ❖ 大正末から昭和初期の卒業アルバム

図20-49

図20-52

図20-50

図20-53

図20-51

図20-52：個人写真
胸に付けられたバッジ型の徽章は、大正10 (1921) 年の洋服制定の際につくられた。白い丸に黒の2本線が入ったデザインである。黒線2本の袴章がバッジに踏襲されている。
❖『福岡高等女学校『卒業記念写真帖』』❖個人蔵

図20-53：個人写真
同校ではセーラー服は上級生が裁縫の時間に製作した。上着を四年生、スカートを三年生が担当した。平均製作時間は上着が13時間、スカートが9時間であった。完成すると一年生に渡す授与式が行なわれたようである。
❖『福岡高等女学校『卒業記念写真帖』』❖個人蔵

図20-49：個人写真
昭和2 (1927) 年に改正されたセーラー服では、ネクタイではなく、紐が結ばれた。昭和9 (1934) 年からネクタイに変わる。
❖『福岡高等女学校『卒業記念写真帖』』❖個人蔵

図20-50：個人写真
胸のポケットは左右どちらに付けてもよかったようである。
❖『福岡高等女学校『卒業記念写真帖』』❖個人蔵

図20-51：個人写真
中には紐ではなく、ネクタイを結んだ生徒やブローチで留めた生徒もいる。
❖『福岡高等女学校『卒業記念写真帖』』❖個人蔵

図20-54

図20-54：北海高等女学校の卒業アルバム
◉昭和6年（1931）
明治39（1906）年、北海道に創設された仏教主義の私立女学校（現・札幌大谷中学校・高等学校）。
✤北海高等女学校『卒業記念写真帳』※個人蔵

図20-55：洋裁実習と理科室
同校では、大正11（1922）年に紺サージの洋服が制服として制定された。その後、昭和2（1927）年にセーラー服へ改正された。スカートの裾に白線1本が入れられている。
✤北海高等女学校『卒業記念写真帳』※個人蔵

図20-56：体操
肋木を使った体操。
✤北海高等女学校『卒業記念写真帳』※個人蔵

図20-55

図20-56

図20-57

図20-58

図20-59

図20-60

図20-57：スキー
セーラー服でのスキー。
❖北海高等女学校『卒業記念写真帳』❖個人蔵

図20-58：記念写真
❖北海高等女学校『卒業記念写真帳』❖個人蔵

図20-59：記念写真
足もとの様子も窺える。
❖北海高等女学校『卒業記念写真帳』❖個人蔵

図20-60：記念写真
背景は北海道らしい雄大な眺めが広がっている。
❖北海高等女学校『卒業記念写真帳』❖個人蔵

図20-61

図20-61：土浦高等女学校の記念写真アルバム
●昭和7年（1932）3月
明治36（1903）年に茨城県立の高等女学校として創立（現・茨城県立土浦第二高等学校）。
✣茨城県立土浦高等女学校『記念写真帖』
※個人蔵

図20-62

図20-63

図20-64

図20-62：裁縫の授業
何台も足踏みミシンが設置されている。授業を受ける生徒たちは洋服である。
✣茨城県立土浦高等女学校『記念写真帖』※個人蔵

図20-63：図書室
1本の三つ編みを後ろに垂らしている髪型の生徒が多い。
✣茨城県立土浦高等女学校『記念写真帖』※個人蔵

図20-64：体操
体操の際は半袖のシャツにジャンパースカートが合わせられたようである。
✣茨城県立土浦高等女学校『記念写真帖』※個人蔵

第20章 ✦ 大正末から昭和初期の卒業アルバム

図20-65

図20-65：体操走り高跳び
着地点にクッションなどはない。
❖茨城県立土浦高等女学校『記念写真帖』※個人蔵

図20-66：修学旅行
皆揃いのセーターを着用している。
❖茨城県立土浦高等女学校『記念写真帖』※個人蔵

図20-67：記念写真
ブレザーの他に、ボンボンの付いたセーターを着ている生徒も確認できる。セーターの色は淡い色と濃い色の2色があったようである。
❖茨城県立土浦高等女学校『記念写真帖』※個人蔵

図20-68：記念写真
セーターの裾と襟には模様編みが施されている。
❖茨城県立土浦高等女学校『記念写真帖』※個人蔵

図20-66

図20-67

図20-68

図20-69

図20-69：記念写真
❖茨城県立土浦高等女学校『記念写真帖』※個人蔵

図20-70

図20-70：記念写真
❖茨城県立土浦高等女学校『記念写真帖』※個人蔵

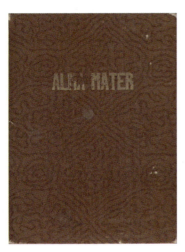

図20-71

図20-71：魚津高等女学校の卒業アルバム
◉昭和7年（1932）3月
大正10（1921）年に創立（現・富山県立魚津高等学校）。同校では大正11（1922）年にいち早く洋服の制服が制定され、生徒自らが製作した。上級生は下級生の制服製作を手伝い、夏服から冬服へと仕上げた。
❖富山県立魚津高等女学校『卒業記念写真帖』※個人蔵

図20-72

図20-73

図20-72：「材料から構成へ」
同校では、園芸部による桑の栽培と養蚕の実習が行なわれた。寄宿舎の一部が養蚕室にあてられ、寄宿舎生が当番制で世話した。
❖富山県立魚津高等女学校『卒業記念写真帖』※個人蔵

図20-73：テニス
体操服は全身白のさわやかなスタイル。
❖富山県立魚津高等女学校『卒業記念写真帖』※個人蔵

第20章 ❖ 大正末から昭和初期の卒業アルバム

図20-74

図20-75

図20-76

図20-78

図20-77

図20-74：個人写真
制服は襟に3本線の入ったセーラー服。昭和4（1929）年にセーラー衿に改正され、昭和10（1935）年から紺ネクタイがリボンとなる。
✤富山県立魚津高等女学校『卒業記念写真帖』
※個人蔵

図20-75：個人写真
セーラー服の下に着たシャツがのぞいている。
✤富山県立魚津高等女学校『卒業記念写真帖』
※個人蔵

図20-76：個人写真
当時の髪型のおしゃれも窺える。
✤富山県立魚津高等女学校『卒業記念写真帖』
※個人蔵

図20-77：個人写真
一人だけ異なるデザインの洋服。
✤富山県立魚津高等女学校『卒業記念写真帖』
※個人蔵

図20-78：個人写真
このような首巻が流行ったのだろうか。
✤富山県立魚津高等女学校『卒業記念写真帖』
※個人蔵

図20-79

図20-79：岡山高等女学校の卒業アルバム
◉昭和8年（1933）3月
同校は明治33（1900）年に創立された県立の高等女学校である（現・岡山県立操山高等学校）。大正11（1922）年に冬服・夏服とも洋服となる。
✥岡山高等女学校『卒業記念』※個人蔵

図20-80

図20-81

図20-80：記念写真
冬服は紺サージで、左前横打合わせの形式であった。両脇に箱襞がとられ、身頃には黒の毛縁、黒の貝ボタンが6個付けられた。
✥岡山高等女学校『卒業記念』※個人蔵

図20-81：記念写真
夏服も同様の形状で、生地は木綿、白地に水色の格子であった。襟、カフス、ポケット口に斜縞の縁取りが付けられた。（写真は冬服）
✥岡山高等女学校『卒業記念』※個人蔵

第20章 ✦ 大正末から昭和初期の卒業アルバム | 157

図20-82

図20-83

図20-82：和歌山市立第二高等女学校の記念写真アルバム
●昭和9年(1934)3月
同校は昭和3（1928）年に実科高等女学校から高等女学校へ昇格。昭和9（1934）年に、市立第一高女と合併し、和歌山市立高女となる。この記念写真帖は市立第二高女最後のアルバムである。
❖和歌山市立第二高等女学校『記念写真帖』※個人蔵

図20-83：遊戯と補習科生
袴やスカートの裾に白線が入れられている。
❖和歌山市立第二高等女学校『記念写真帖』※個人蔵

図20-84

図20-85

図20-84：第一学年
この当時珍しいブレザーにネクタイの制服を着用している。
❖和歌山市立第二高等女学校『記念写真帖』※個人蔵

図20-85：第三学年
❖和歌山市立第二高等女学校『記念写真帖』※個人蔵

第21章
全国統一型のへちま衿

　セーラー服が女学生の服装として定着していく中で、県単位でセーラー服を統一するところが出てきた。例えば、広島では昭和8（1933）年に高等女学校長合同会議が開催され、陸軍被服廠長と技師なども参加し、県内の高等女学校の制服をセーラー型に統一することを決定、制服の生地には陸軍被服廠の研究斡旋によるものが採用された。こうした陸軍も関与しながら制服の型が統一された背景には、昭和6（1931）年の満州事変以降の戦時体制の影響がある。昭和12（1937）年に日中戦争に突入してからは、軍需品に繊維製品が優先的に使用され、民間の被服素材が徐々に制約を受けるようになった。昭和13（1938）年には綿製品製造販売禁止令が発令され、民間では純綿素材の製造販売が禁止、ステープル・ファイバー（スフ、木材繊維）混紡の生地が制服に使用されるようになっていく。スフは洗濯するとすぐに傷み、耐久性に欠ける問題点があった。そのため、スフ混紡の制服には襟にカバーや袖にカフスが付けられ、汚れを防ぐとともに、汚れた場合にはカバーやカフスだけを取り外して洗濯された。なお、県単位で制服が統一された際、セーラー型が選定されたのは、縫製が（通常のジャケットに比べ）容易であること、用布が節約できることに加え、当時女子に人気があったことが考慮されたと考えられる。

　昭和14（1939）年になると、全国の女学生服装を統一しようとする動きがみられるようになる。この年、全国高等女学校長協会が女子制服の懸賞募集を行なった。応募作品には用布の少なく済む工夫、スフ混紡の使用、国防色のもの、通学服と運動服を兼ねたものなど、戦時下を意識したデザインが多く寄せられた。応募総数は107点に及び、一等に東京女子高等師範学校附属高等女学校のセーラー服、二等に久萬せい（実践高等女学校）のジャンパースカート、三等に斉藤きよ（府立第六高等女学校）のジャンパースカートが選ばれ、東京三越に陳列された。一等当選した附属高女のセーラー服は、襟が取り外せる「フランス型」であった。用布の節約と洗濯の便利から考案され、装飾を兼ねてボタンかけとし、取り外しができるようになっていた。スカートは冬服と運動服の兼用で、崩れやすい襞の代わりに切り替えを入れたデザインが採用された。材料費は上衣が3円24銭、スカートが3円35銭、その他附属品が59銭の、合計7円18銭である。翌年、附属高女ではセーラー服とジャンパースカート

図21-1：女生徒制服図
◉昭和16（1941）年
昭和16（1941）年に示された全国統一型の制服。へちま衿の制服と呼ばれる。
✣『被服』12巻1号

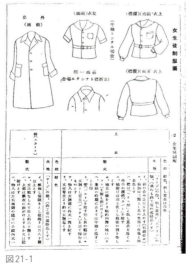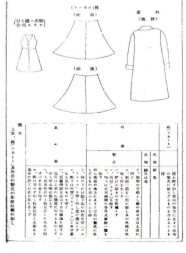

図21-1

の制服から、襟なしの三つボタン前合わせの上衣とスカートに改正された。その後、昭和16（1941）年には、文部省の学校生徒の制服統制に関する通牒により、へちま襟の全国統一型が示される。セーラー服に人気があった当時、この変更は女学生にショックを与えたようである。

　何と申しましても、ショックはヘチマ衿のバスガール服だったことです。校章をつけましても、テーキを入れましても、さまになりません。（略）ヘチマ衿制服を嫌って、セーラー服を着る方もふえてきました。私も田舎に生地があるからと、セーラー服をたのみ、やっと女学生らしい服装に。そして嬉しく通いましたのもつかの間、その当時のスフ入り生地であったため、毎日着ておりますうち、よれよれとなってしまったのです。淋しい淋しいことでした。（日本女子大学校附属高等女学校『百合樹の蔭に過ぎた日』）

昭和16（1941）年以降の各女学校の卒業写真には、へちま襟の全国統一型の他に、セーラー服を着用した生徒も確認できる。物資がない中でも、セーラー服を求めて着用したようである。へちま襟もしくはセーラー型の制服の下衣には、活動的なもんぺが着用された。もんぺは昭和17（1942）年に発表された婦人標準服で「活動衣」としても示されている。

図21-2

図21-3

図21-4

図21-5

図21-2：陸軍兵器補給廠への動員　●昭和17（1942）年
もんぺを着用している生徒が多い。
※山陽学園蔵

図21-3：保原高等女学校の戦争末期の生徒たち
へちま衿の全国統一型を着用している。
❖『写真で綴る70年仰ぐは霊山』（1992）※福島県立保原高等学校

図21-4：金城高等女学校の卒業写真　●昭和20年（1945）3月
同校は石川県に設立された私学の高等女学校（現・金城学園）。卒業写真にはセーラー服やへちま衿の上着にもんぺを着用した姿で写っている。
❖金城高等女学校『卒業記念写真帖』※個人蔵

図21-5：平安女学院の戦争末期の生徒たち　●昭和18（1943）年
上衣はへちま衿ではなくセーラー服、下衣にはもんぺが着用されている。
❖『写真で見る125年史』（2000）※平安女学院

第 III 部

大衆衣料としての学生服
小学生児童への普及と学生服の量産

こまで取り上げてきた学校制服は、男子も女子も一部例外を除き、中等学校以上の事例であった。義務教育の小学校を終えてさらに進学を望み、そこでの授業料を負担することのできる階層の人々が通った教育機関である。こうした任意教育である中等学校以上の教育機関において、私費調製を前提とした制服規定が成り立ち、進学すれば規定に従って制服が調製・着用された。

小学校の男女学生服

　そうした事例に対し、ここで取り上げるのは、義務教育の小学校の事例とそこで着用された学生服である。近代日本では初等教育において身分や階層の別なく、国民すべてに開放された単一の教育体系が採用された。それゆえ小学校には富める者から貧しい者までが集まり、その服装には貧富の差が明確に表れたはずである。特に公立小学校では、中等学校や私立学校のような服装規定を定めることが困難であり、児童は各家庭が用意できる範囲の服装で登校したものと思われる。やがて小学校の教育内容や教育方法が確立されるにつれ、児童の服装にも徐々に規則や方針が定められるようになっていくが、実施にあたっては常に貧困家庭への配慮があった。教育行政にとって、就学率を高め維持することが第一に優先されるべきことであり、服装の教育効果よりも、服装にかかる家庭の負担が憂慮されたからである。

　したがって公立小学校では、服装規程による一律の制服着用は基本的には成立し得なかったのだが、卒業写真をみると大正末から昭和初期にかけて、男子児童の間に詰襟学生服が普及するようになってくる。女子児童の場合は、男子の詰襟学生服ほど統一的なスタイルの普及には至らないが、洋服の中でもセーラー服の着用が多くみられるようになる（小学校によっては、一律のセーラー服を着用している場合もある）。ある小学校では、一人ひとりの女児が少しずつ異なるセーラー服を着用していたりする。このことは、これらセーラー服の着用が学校の制服規定ではなく、各家庭の判断により実現していることを示している。

　着用の規則や義務づけがないにも関わらず、小学校においても中等学校以上の服装様式にならって、男子児童には詰襟学生服、女子児童にはセーラー服が普及していくのである。本書では、着用の規則や義務づけのある「学校制服」（帽章や徽章により所属する学校を表す）に対し、着用の規則や義務づけのないものを「学生服」（学生の身分のみを表す）と呼び分け、この学生服の定義に、男子の詰襟学生服に加え、女子のセーラー服を含めるものとする。女子の学生服の形態としてはいくつか種類がみられるが、その中でセーラー服が最も普及したと考えられる。男子の詰襟学生服と女子のセーラー服は、現在「標準服」と呼ばれ、学生にふさわしい服装の様式として定着している。小学校児童の場合は、制服の着用規定の成立という観

点からではなく、規定によらない学生服の普及要因を探らねばならない。

最初の洋服としての学生服

　小学校児童への学生服普及の要因として一つ考えられるのは、この時期までに詰襟学生服やセーラー服が既製服（レディメード）として製造・販売されるようになったことである。既製服として量産されることにより販売価格が下がり、決して裕福とはいえない家庭においても、既製服の学生服が購入できるようになった。当時の新聞広告や衣類を取り扱う通信販売のカタログをみると、さまざまな商店により学生服が販売されており、それまで地域の洋服店で注文（オーダーメード）しなければ入手できなかった洋服としての学生服が、気軽に購入できるようになったのである。こうした学生服の量産、販売価格の低下、販売網の整備により、学生服は義務教育の小学校児童までが着用する大衆的な衣料として普及、定着をみせた。

　大衆層に普及した学生服は、特に低所得層の家庭においては、最初の洋服着用の経験となった。大正期や昭和初期に至っても、洋服はその地域の警察官や校長先生など"特別"な人や、学校の中でも"お金持ち"の家庭の子どもの着る衣服であった。そのような中で登場した安価な大衆向け既製服の学生服は、学校へ着て行くべき機能的・衛生的・経済的な条件を備えた洋服として重宝されたと思われる。こうした学生服の普及を通して、それまで洋服を着ることのできなかった階層にも洋装化が進展していくことになった。

児島地区の学生服製造史

　さて、学生服の製造については、当初各洋服店での注文服（オーダーメード）のみであった段階から、そこに学生服を専門に扱う商店や会社による既製服（レディメード）が加わり、学生服の製造・販売形態に多様化がみられるようになっていく。全国各地に学生服を取り扱う商店が登場してくる中、"綿製"の学生服の産地となり、商品を全国に販売したのが岡山県の旧児島郡である。ここでは旧児島郡の学生服製造に関する資料を合わせて紹介する。

　瀬戸内海沿岸部に位置する児島地域は、"綿"を中心とした繊維製品加工の歴史的な蓄積があった。江戸後期には干拓地における綿花栽培、真田紐や小倉織など綿織物の製織、明治期に入ってからは足袋の大量生産、朝鮮や中国への細幅織物（韓人紐・腿帯子）の移・輸出を経て、大正末から綿製学生服の製造が開始された。地域一帯での製造体制を築くことができたのは、当地で織布、染色、裁断、縫製などに関わる技術が蓄積されていたこと、さらに学生服の製造工程の機械化および縫製技術を担う人材の育成が行なわれていたことがあげられる。また児島の学生服の製

造業者たちは、商品を最も就学人口の多い小学校児童を相手に薄利多売し、決して裕福とはいえない階層でも購入することができる価格と品質の学生服を実現した。義務教育の小学校では、児童の家庭に貧富の差があり、一律の制服着用を求めることは困難であったが、安くて丈夫、そして動きやすい「洋服」の学生服は、庶民のニーズに応える、売れる商品であり、洋服の製作技術をもたない（もてない）家庭に代わり、学生服製造業者たちは児童の通学用日常着を提供したのである。

　旧児島郡では、当地で織られた綿織物を使用して、主に男子向けの学生服が製造されたが、夏用には霜降り、冬用には黒小倉の生地が用いられた。上着の形状には詰襟タイプと折襟タイプがあり、低学年は折襟、高学年や中学生になると詰襟が着用された。夏用の霜降り学生服は単仕立て、冬用の黒小倉学生服は袷仕立て（裏付き、裏には今治製の綿ネルが使用された）で、表に雨蓋ポケット、袖の肘部分に肘当てが付けられた。またズボンには半ズボンと長ズボンの2種類があり、夏用に半ズボン、冬用に長ズボン、もしくは低学年に半ズボン、高学年以上に長ズボンなど季節と学年に合わせてズボン丈が選択された。半ズボン・長ズボン共に尻当てが、長ズボンにはさらに膝当てが付けられ、長く着られるように工夫が施された。その価格は、大正10（1921）年頃の霜降り学生服が50銭、昭和7（1932）年頃の霜降り学生服（並品）が28銭、裏付きの小倉学生服が90銭であった。昭和10（1935）年に岡山の百貨店で販売された学生服はいずれのサイズも3円以上し（当時学生服の価格はサイズにより異なった）、それらと比較すると児島の学生服は、百貨店の顧客とならないような低所得層でも購入できるような価格帯に設定されていたといえる。

　大正末から始められた児島の学生服製造は、昭和に入り勢いを増し、昭和10（1935）年の新聞記事によれば、児島で年間1000万着を超える生産量を誇った。これは当時の全国の小学校児童数に匹敵する量であり、生産過剰の状況に陥り、余剰分は外地に向け出荷された。このような大衆衣料としての学生服の量産・販売が、各地の小学校児童の和服から洋服への服装変化をより低所得層のレベルにまで及ぼす要因となり、より広範囲への学生服の普及が学校制服文化をその後長きにわたって定着させたと思われる。

第22章
卒業写真にみる小学校児童の服装

　小学校児童の服装については、先に述べた通り、家庭に貧富の差がみられる公立小学校において一律の制服着用は基本的には成立し得なかったが、小学校教育の内容が確立されるにつれ、次第に児童の服装に「儀礼性」「機能性」「衛生性」などが求められるようになっていく。明治20年代になると、大日本帝国憲法の発布、教育勅語の公布など、天皇制を中心とする国家主義的な体制が整えられ、小学校では教育勅語奉読と「御真影」拝礼を中心とする学校儀式が行なわれるようになった。この学校儀式に参列する際の服装は各府県や各小学校で決められた。

　例えば、新潟県では「清潔」な服装（『新潟県教育百年史』）、岡山県の高等岡山小学校では「質素」な服装（特に綿服）とすることが保護者会で決められた。後者の場合は、一部の女子に贅沢な着物で参列する児童がおり、彼女たちの華美な服装が貧困女児の肩身を狭くし、儀式への参加率を低下させると懸念され取られた措置であった（『岡山県教育史』）。また長野県では、男子には「羽織袴又は洋服」、女子には「通常服（半纏と前垂は不可）」が指示された（『長野県教育史』）。明治30年代以降、男女とも儀式で袴が着用されていくようになるが、やはり袴の着用は貧困家庭にとっては贅沢であり、宮城県では明治34（1901）年の天皇奉迎の際、女子児童の袴の着用を敢えて禁止している（『婦女新聞』80号）。岡山県の公立小学校の記念誌には、日清戦争後に尋常科に在籍した卒業生が「はかまは祭日ぐらいのもの、式の時は、はかまをつけて帽子をきた。私なんか、はかまがはけず辛かったことがある。式の時でもはかまをつけるのは、財産家の子弟だけで、十人に一人もつけなかった」と回想文を残している（庄内小学校『創立六十年誌』）。当初、儀式で袴を穿くことができたのは裕福な家庭に限られ、袴を用意できない家庭では、前垂（前掛）を代わりに着用したようである。児童の中には自家栽培した綿花を使用して、全て手作りで袴を製作した家庭もあった。

　明治27（1894）年には、文部省より小学校児童の服装を「筒袖」にするよう全国的な指示が出された。これは「体育及び学校衛生に関する訓令」の中で示されたもので、小学校児童の健康な身体の育成を目指し、活発な運動が行なえるよう「筒袖」とす

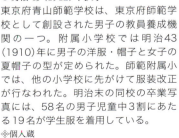

図22-1：青山師範学校附属小学校卒業写真
●明治45（1912）年3月
東京府青山師範学校は、東京府師範学校として創設された男子の教員養成機関の一つ。附属小学校では明治43（1910）年に男子の洋服・帽子と女子の夏帽子の型が定められた。師範附属小では、他の小学校に先がけて服装改正が行なわれた。明治末の同校の卒業写真には、58名の男子児童中3割にあたる19名が学生服を着用している。
※個人蔵

図22-1

ることとされた。文部省が示した方針はミニマムな内容であり、各地域の教育会や各小学校では服装改良のさまざまな提案がなされた。しかし貧民の児童にとって、通学のために新しい衣服を調製することは困難であり、手持ちの衣服の「筒袖」への改良が最も実施しやすい案であった。結果的に、明治終り頃までに、筒袖（女子は元禄袖）の着物に袴という小学校児童の服装が成立した。

大正期に入ると、生活改善運動の流れの中で、子ども服を洋服とする方針が強く主張され、各小学校でも洋服の着用を促す動きが確認できる。岡山県では早いところで、大正7（1918）年に洋服の児童服の標準を定め、洋服着用を推奨した小学校がある（『岡山県教育史』）。小学校で最初に洋服を着たのは、都会からの転校生や校長、医師などを親にもつ裕福な家庭の児童であったようである。やがて安価な既製の学生服が製造・販売されるようになると、小学校で学生服の販売を斡旋する場合もあった。岡山県の公立小学校の記念誌には「六年の頃〔1921年〕には学生服ができて、学校へ注文しました。約、三分の一くらいの子が服で登校するようになったと記憶しています」という回想があり、学校が学生服の注文をとりまとめていたことが窺える（『北和気校史』）。貧困家庭への配慮から強制購入ではなかったと思われるが、大正末から昭和初期の各校の卒業写真をみると、男子児童の間に学生服がかなりの割合で着用されていくこと、女子児童の間にもセーラー服の着用者が増えてくることが確認できる。学生服の着用時期やその割合については地域差があり、特に岡山県の場合は産地が近い関係か、急激に学生服が普及していく。

図22-2

図22-3

図22-4

図22-2：東京女子高等師範学校附属校園卒業記念
●大正10（1921）年3月
お茶の水女子大学附属小学校の前身にあたる小学校。
※個人蔵

図22-3：尋常科男子児童
●大正10（1921）年3月
男子24名中13名が学生服を着用している。その他の児童は絣の着物と羽織に縞の袴を着用している。
✥東京女子高等師範学校附属校園『卒業記念』※個人蔵

図22-4：尋常科女子児童
●大正10（1921）年3月
数名の洋服着用者が確認できるが、その他は和服着用が圧倒的である。
✥東京女子高等師範学校附属校園『卒業記念』※個人蔵

図22-5：高等科児童
◉大正10（1921）年3月
高等科の女子児童は全員が和服である。
✥東京女子高等師範学校附属校園『卒業記念』※個人蔵

図22-5

図22-6

図22-7

図22-6：尋常科卒業児童（男）歴史教授
◉大正10（1921）年3月
一番うしろの机の中には、教科書やノート類がびっしり詰まっている。
✥東京女子高等師範学校附属校園『卒業記念』※個人蔵

図22-7：尋常科卒業児童（女）読方教授
◉大正10（1921）年3月
着物の柄に加え、当時の女子児童の髪型の様子も窺える。
✥東京女子高等師範学校附属校園『卒業記念』※個人蔵

図22-8：高等科卒業児童算術教授
◉大正10（1921）年3月
✥東京女子高等師範学校附属校園『卒業記念』※個人蔵

図22-8

第22章 ❖ 卒業写真にみる小学校児童の服装

図22-9

図22-10

図22-9：京都市桃園尋常小学校卒業記念 ●大正11(1922)年3月
明治2(1869)年に上京第十一番組小学校として開校(平成7年に閉校)。閉校記念誌に、明治28(1895)年と大正2(1913)年の卒業写真が掲載されている。
※個人蔵

図22-10：尋常科男子児童 ●大正11(1922)年3月
学生服を着用した男子が数名確認できる。その他は羽織袴を着用した児童が多いが、最前列には袴を着用していない児童もいる。
✣京都市桃園尋常小学校『卒業記念』※個人蔵

図22-11：尋常科女子児童 ●大正11(1922)年3月
女子児童は全員和服を着用している。最前列には靴を履いている児童がいる。
✣京都市桃園尋常小学校『卒業記念』※個人蔵

図22-11

図22-12

図22-13

図22-12：名古屋市中村尋常高等小学校記念写真帖
●大正14(1925)年3月
※個人蔵

図22-13：尋常科児童 ●大正14(1925)年3月
男子は全員学生帽をかぶっている。一人、学生服の着用者もいる。女子は全員和服だが、紋付の式服を着ている児童も確認できる。
✣名古屋市中村尋常高等小学校『記念写真帖』※個人蔵

図22-14：高等科児童 ●大正14(1925)年3月
男子は全員学生帽、女子は式服を着用。
✣名古屋市中村尋常高等小学校『記念写真帖』※個人蔵

図22-14

図22-15

図22-15：京都市一橋尋常小学校卒業記念帖
◉大正15（1926）年3月
※個人蔵

図22-16

図22-16：第六学年八組
◉大正15（1926）年3月
男子の中に3名の学生服着用者（詰襟2名、折襟1名）、女子にも4名の洋服着用者が確認できる。
✣京都市一橋尋常小学校『卒業記念帖』※個人蔵

図22-17

図22-18

図22-17：岡山県富原尋常高等小学校記念写真帖
◉昭和5（1930）年3月
※個人蔵

図22-18：尋常科児童
◉昭和5（1930）年3月
昭和に入ると、男子の学生服着用者が和服を上回るようになる。女子は和服だが、足元をみると靴を履く児童が増えたことが分かる。
✣岡山県富原尋常高等小学校『記念写真帖』※個人蔵

図22-19：高等科児童
◉昭和5（1930）年3月
高等科になると学生服の着用者が少なくなる。男子の中に少年義勇団の団服と思われる衣服を身につけた児童がみられる。
✣岡山県富原尋常高等小学校『記念写真帖』※個人蔵

図22-19

図22-20

図22-21

図22-22

図22-20：愛知郡東郷尋常高等小学校卒業記念写真帖
◉昭和7（1932）年3月
この小学校では男子も女子も、他ではあまり見られない服装を揃いで着用している。学校で何らかの規則や方針が示されていた可能性がある。
※個人蔵

図22-21：尋常科男子児童
◉昭和7（1932）年3月
男子の服装はほとんどが少年義勇団の団服を着用しているが、中に1名の学生服着用者が確認できる。
❖愛知郡東郷尋常高等小学校『卒業記念写真帖』※個人蔵

図22-22：尋常科女子児童
◉昭和7（1932）年3月
着物の襟のような前合わせの上着とスカート（袴）にベルトを合わせた、和服とも洋服ともいえない揃いの改良服を着用した女子が何人も確認できる。その他、セーラー服や洋服を着用した児童もいる。
❖愛知郡東郷尋常高等小学校『卒業記念写真帖』※個人蔵

図22-23：高等科児童
◉昭和7（1932）年3月
高等科も男子は団服、女子は改良服を着用した児童が多い。
❖愛知郡東郷尋常高等小学校『卒業記念写真帖』※個人蔵

図22-23

図22-24

図22-24：開智部松本尋常高等小学校卒業記念
●昭和10(1935)年3月
長野県の松本市に明治6(1873)年に設立された小学校。
※個人蔵

図22-25

図22-25：登校
●昭和10(1935)年3月
明治の文明開化期に建設された擬洋風建築の校舎が有名。
❖開智郡松本尋常高等小学校『卒業記念』※個人蔵

図22-26

図22-26：男子児童
●昭和10(1935)年3月
男子全員が学生服を着用している。
❖開智郡松本尋常高等小学校『卒業記念』※個人蔵

図22-27：女子児童
●昭和10(1935)年3月
女子も全員洋服を着用しているが、その型はさまざまである。
❖開智郡松本尋常高等小学校『卒業記念』※個人蔵

図22-27

第22章 ❖ 卒業写真にみる小学校児童の服装

図22-28

図22-29

図22-30

図22-31

図22-28：大阪市住吉尋常高等小学校卒業記念写真帖
◉昭和12（1937）年3月
✣個人蔵

図22-29：尋常科男子児童
◉昭和12（1937）年3月
全員が洋服着用。折襟の学生服が最も多く、その他にもセーターやカーディガンなどを着用した児童が確認できる。
✣大阪市立住吉尋常高等小学校『卒業記念写真帖』✣個人蔵

図22-30：尋常科女子児童
◉昭和12（1937）年3月
全員が洋服。男子に比べ、多彩なデザインである。
✣大阪市立住吉尋常高等小学校『卒業記念写真帖』✣個人蔵

図22-31：高等科児童
◉昭和12（1937）年3月
全員が洋服。最前列に座る男女はともに靴下と靴を履いている。
✣大阪市立住吉尋常高等小学校『卒業記念写真帖』✣個人蔵

図22-32

図22-33

図22-32：東京市第一寺島尋常高等小学校卒業記念
●昭和13（1938）年3月
※個人蔵

図22-33：男子児童 ●昭和13（1938）年3月
全員洋服。最前列の左側3名の足もと（左上参照）は草履である。
※東京市第一寺島尋常高等小学校『卒業記念』※個人蔵

図22-34：女子児童 ●昭和13（1938）年3月
全員洋服。洋服のデザインとしてセーラー服が人気を集めたが、それぞれの児童によりデザインが多少異なっており、規則で決められて着用するセーラー服との違いが見出せる。
❖東京市第一寺島尋常高等小学校『卒業記念』※個人蔵

図22-34

図22-35

図22-36

図22-35：福島県三春尋常高等小学校卒業記念帖（高等科） ●昭和14（1939）年3月
※個人蔵

図22-36：高等科男子児童 ●昭和14（1939）年3月
全員学生服を着用。長ズボンを着用している。
❖福島県三春尋常高等小学校『卒業記念帖』※個人蔵

図22-37：高等科女子児童 ●昭和14（1939）年3月
和服の着用率が高い。卒業式の式服として和服が着用されたためであろう。日常着としては、この時期洋服が着用された可能性が高い。写真に洋服で写っている児童はセーラー服を着用している。
❖福島県三春尋常高等小学校『卒業記念帖』※個人蔵

図22-37

第22章 ❖ 卒業写真にみる小学校児童の服装 | 173

図22-38

図22-38：岡山市伊島尋常高等小学校
第二十回尋常科卒業記念写真帖
◉昭和15（1940）年3月
※個人蔵

図22-39

図22-39：尋常科男子児童
◉昭和15（1940）年3月
全員が学生服を着用している。
✤岡山市伊島尋常高等小学校『記念写真帖』※個人蔵

図22-40：尋常科女子児童
◉昭和15（1940）年3月
著者の祖母（最後列の左から6番目）のクラス卒業写真。全員が白いエプロンを着用している。襟の形やデザインが皆揃っていることから、制服の規則があったようである。
✤岡山市伊島尋常高等小学校『記念写真帖』※個人蔵

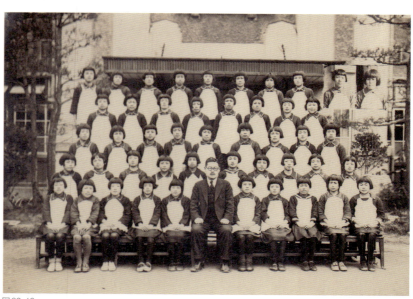

図22-40

第23章
広告・カタログに掲載された学生服

　初期の学生服は、一人ひとりの身体に合わせてつくられる注文服（オーダーメード）であったが、大正から昭和にかけて、既製服（レディメード）の学生服が量産されるようになってくる。既製服として学生服を製造するためには、サイズの規格化が必須であるが、まだこの時期には各商店や工場により規格はまちまちであったと思われる。当時の学生服のカタログをみると、小学校の学年別にサイズが考えられていたことが分かる。またサイズが大きくなるほど生地の分量が必要となるため、価格も少しずつ高くなっている。

　岡山県旧児島郡の学生服の価格は、先に述べた通り、大正10（1921）年に霜降り学生服（並品）が50銭であった。翌年の『山陽新報』に掲載された広告と比較してみると、東京の洋服店の「小学校服」（白弁慶生地の小サイズ）が2円90銭であり、児島の価格のおよそ6倍である（『山陽新報』大正11年1月18日）。また昭和7（1932）年頃の児島の学生服価格は霜降り学生服（並品）が28銭、極上品が65銭、裏付きの小倉学生服が90銭から1円10銭までであった。昭和10（1935）年の新聞に掲載された岡山の百貨店の広告と比較してみると、綿製の小倉学生服が「1、2年生用」が3円10銭、「2、3年生用」が3円30銭、以後サイズがくりあがる毎に20銭ずつ高くなる（『山陽新報』昭和10年3月23日）。百貨店で取り扱われた学生服は、児島のものと比べて4～5倍の価格である。また名古屋で製造されたウール製の学生服の価格は、「1、2年生用」が3円70銭、「2、3年生用」が4円、「3、4年生用」が4円30銭、「5、6年生用」が4円80銭で、ウール素材の学生服とも3～4倍の価格の開きがある（『山陽新報』昭和10年11月25日）。どこの製品と比べても、児島で製造された学生服の価格は最低価格であった。残念ながら児島の学生服のカタログは入手できなかったため、ここでは大阪と名古屋の商店が刊行した通信販売のカタログに掲載された学生服を紹介する。

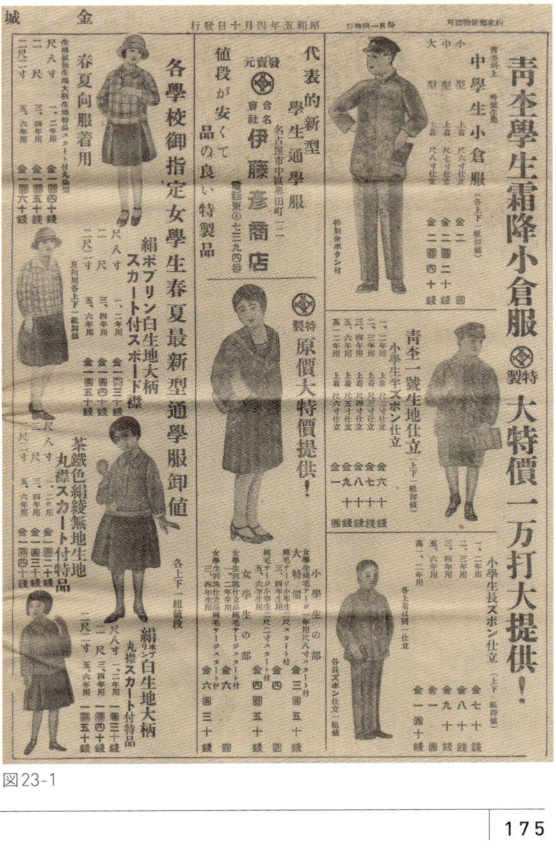

図23-1：青杢学生霜降小倉服
●昭和5（1930）年4月
小倉服とは綿製のこと。中学生向けの綿製学生服が2～2円40銭。小学生向けの半ズボンのセットが60銭～1円。小学生向けの長ズボンのセットが70銭～1円10銭。発売元は名古屋の伊藤彦商店である。岡山県の児島地域の学生服の価格は、昭和7、8年頃、霜降りの並品が1着28銭、極上品が65銭であった。
❖『金城商報』※個人蔵

図23-1

図23-2

図23-3

図23-4

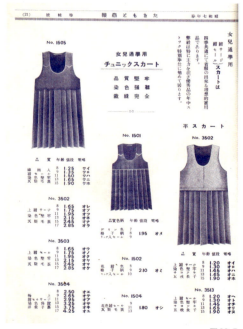

図23-5

図23-2：たきもと商報 ●昭和7（1932）年
大阪の子供服専門製造卸問屋の瀧本合名会社のカタログ。
※個人蔵

図23-3：弊社の主力を注げる代表的逸品 ●昭和7（1932）年
「男女児通学服の覇王」として学生服とセーラー服が宣伝されている。
❖『たきもと商報』※個人蔵

図23-4：セーラー服 ●昭和7（1932）年
セーラー服の裾の形状やリボンなど細部のデザインが異なっている。最も安いもので2円20銭。最も高いもので7円50銭。
❖『たきもと商報』※個人蔵

図23-5：チュニックスカート ●昭和7（1932）年
❖『たきもと商報』※個人蔵

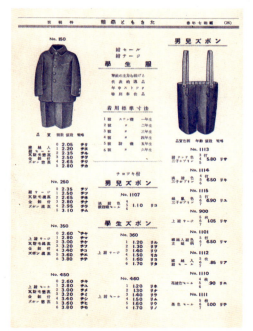

図23-6

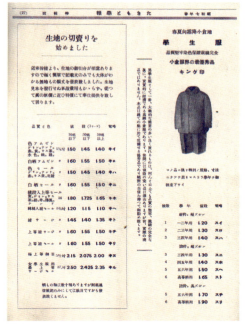

図23-7

図23-8

図23-9

図23-6：学生ズボン
◉昭和7（1932）年
紺ウール生地の学生服の値段。最も安いもので2円5銭。最も高いもので3円80銭。
✣『たきもと商報』※個人蔵

図23-7：学生服
◉昭和7（1932）年
霜降りの綿製学生服の値段。サイズにより値段が異なり、1円20銭〜1円90銭。
✣『たきもと商報』※個人蔵

図23-8：梨木商報
◉昭和10（1935）年春
大阪のハサミ印子供服・学生服製造発売元の合名会社梨木商店の通信販売カタログ。
※個人蔵

図23-9：男学生服・女学生服
◉昭和10（1935）年春
国防色の学生服が登場している。
✣『梨木商報』※個人蔵

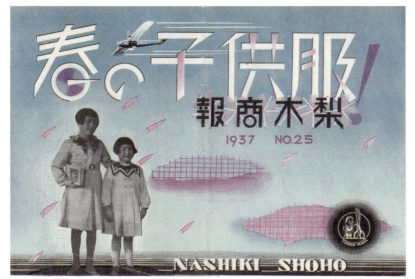

図23-10

図23-10：梨木商報
◉昭和12（1937）年春
※個人蔵

図23-11：セーラー服・チュー二ック服
◉昭和12（1937）年春
✥『梨木商報』※個人蔵

図23-12：男学生服
◉昭和12（1937）年春
✥『梨木商報』※個人蔵

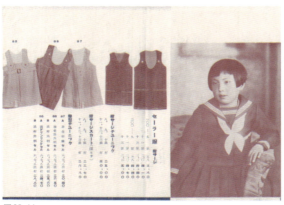

図23-11

図23-12

図23-13

図23-13：梨木商報
◉昭和13（1938）年春
※個人蔵

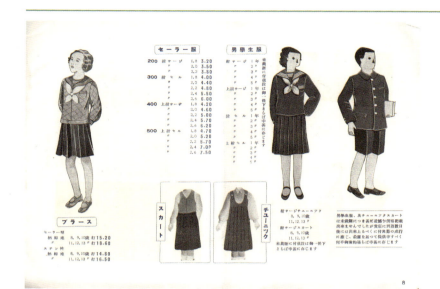

図23-14

図23-14：学生服・セーラー服
◉昭和13（1938）年春
✤『梨木商報』※個人蔵

図23-15：梨木商報
◉昭和13年冬
※個人蔵

図23-16：学生服・セーラー服
◉昭和13（1938）年冬
✤『梨木商報』※個人蔵

図23-17：山八商報
◉昭和11（1936）年9月号
名古屋の山八商店のカタログ。
※個人蔵

図23-15

図23-16

図23-17

第23章 ❖ 広告・カタログに掲載された学生服 | 179

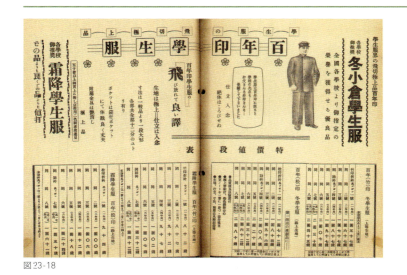

図23-18

図23-19

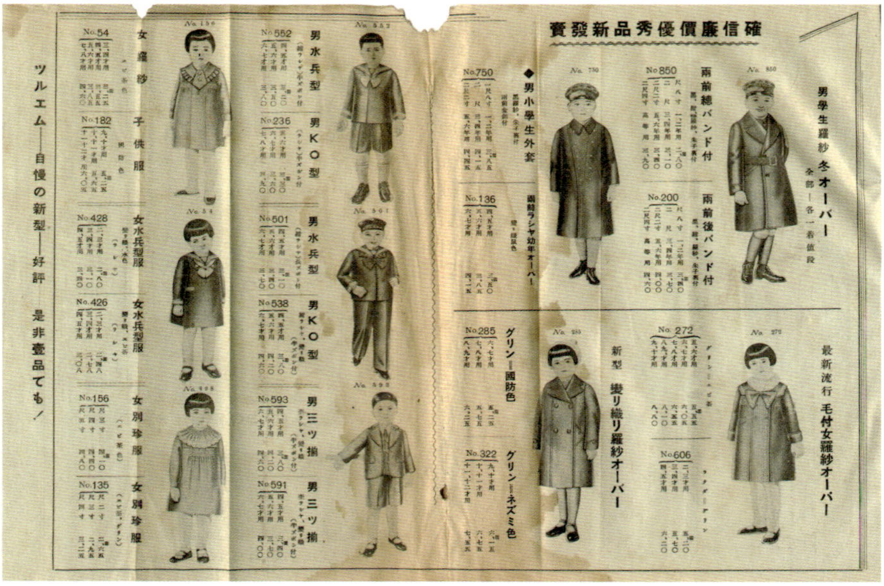

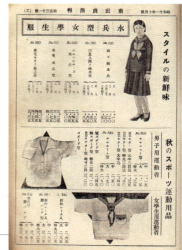

図23-20

図23-21

図23-18：百年印学生服
●昭和11（1936）年9月号
サイズと価格表からは、冬向きが長ズボン、夏向きが半ズボンのセットとなっており、低学年が折襟、高学年が詰襟となっている。いずれも希望により変更できる。
✤『山八商報』※個人蔵

図23-19：前田貞商報
●昭和11（1936）年10月号
名古屋の前田貞治商店のカタログ。
※個人蔵

図23-20：確信廉価優秀品新発売
●昭和11（1936）年10月号
オーバーなどの商品も掲載されている。
✤『前田貞商報』※個人蔵

図23-21：水兵型女学生服
●昭和11（1936）年10月号
✤『前田貞商報』※個人蔵

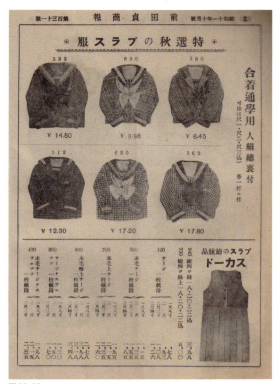
図23-22

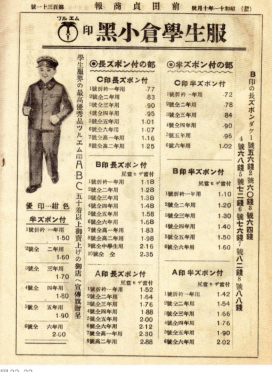
図23-23

図23-22:合着通学用 ●昭和11(1936)年10月号
❖『前田貞商報』※個人蔵

図22-23:ツルエム印黒小倉学生服 ●昭和11(1936)年10月号
「長ズボン付の部」と「半ズボン付の部」でそれぞれ3ランクが設けられ、さらにその下にサイズ別の料金が掲載されている。
❖『前田貞商報』※個人蔵

図23-24

図23-24:八木文商報
●昭和11(1936)年10月号
名古屋の八木文のカタログ。
※個人蔵

図23-25:通学服と団服
●昭和11(1936)年10月号
❖『八木文商報』※個人蔵

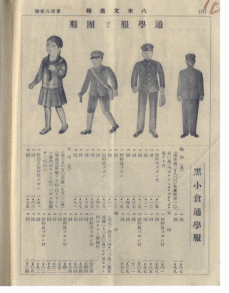
図23-25

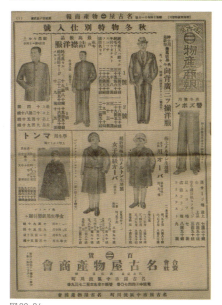
図23-26

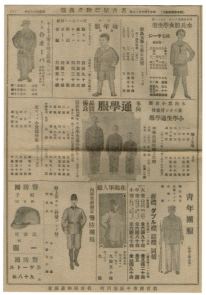
図23-27

図23-26：名古屋物産商報
●昭和14（1939）年11月号
名古屋物産商報の通販カタログ。
※個人蔵

図23-27：冬向き通学服
●昭和14（1939）年11月号
✥『名古屋物産商報』※個人蔵

図23-28：ナポレオン学生帽（営業案内）
●年代不明
東京の柳製帽所のナポレオン印学生帽の営業案内。学帽は学帽専門の商店が存在し、量産化されたと考えられる。
※個人蔵

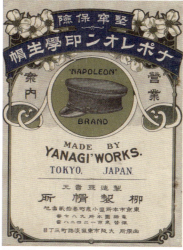
図23-28

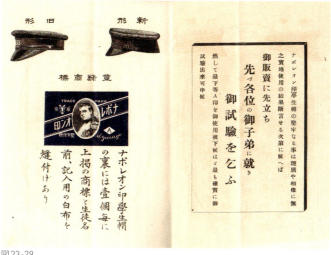
図23-29

図23-30

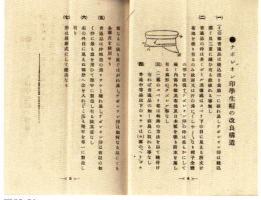
図23-31

図23-29：登録商標
●年代不明
✥『営業案内』※個人蔵

図23-30：広告
●年代不明
✥『営業案内』※個人蔵

図23-31：構造説明文
●年代不明
✥『営業案内』※個人蔵

図23-32

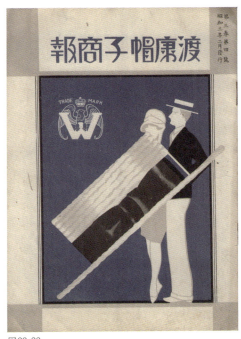

図23-33

図23-32：商標ラベル ●年代不明
※個人蔵

図23-33：渡康帽子商報 ●昭和3（1928）年2月
東京のタンク印学生帽発売元の渡邊康商店のカタログ。
※個人蔵

図23-34：タンク学生帽 ●昭和3（1928）年2月
✤『渡康帽子商報』※個人蔵

図23-35：学生帽 ●昭和3（1928）年2月
一高型や三高型など学校によってデザインが異なった。
✤『渡康帽子商報』※個人蔵

図23-34

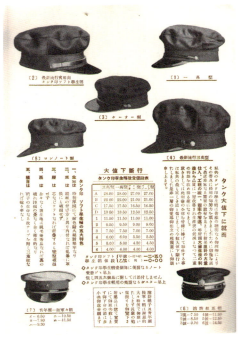

図23-35

第23章 ❖ 広告・カタログに掲載された学生服　183

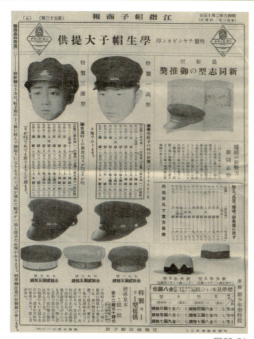

図23-36

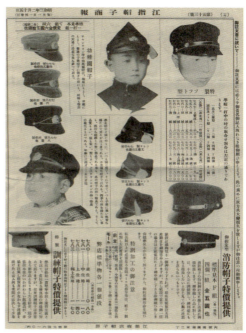

図23-37

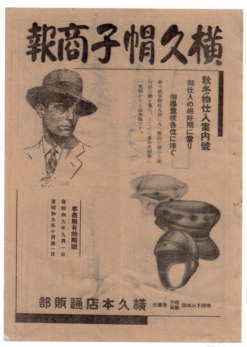

図23-38

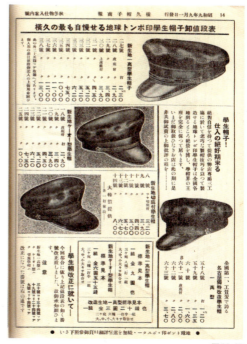

図23-39

図23-36：江指帽子商報 ●昭和3(1928)年2月
大阪の江指商店帽子部のカタログ。後述する商標ラベルの「大楠公」を児島織物株式会社に売却した帽子店。
※個人蔵

図23-37：学生帽子 ●昭和3(1928)年2月
✤『江指帽子商報』※個人蔵

図23-38：横久帽子商報 ●昭和9(1934)年秋
名古屋の横久本店通販部のカタログ。
※個人蔵

図23-39：地球トンボ印学生帽子 ●昭和9(1934)年秋
✤『横久帽子商報』※個人蔵

第24章
商品としての学生服・セーラー服

　商品としての学生服は、上着とズボン、カラー、替ボタンを1セットとして紙袋に入れ販売された。紙袋には各社の商標が印刷され、中身の学生服の生地や様式、サイズなどを表記する欄も設けられた。紙袋は戦前から用いられていたようであるが、いつ頃から使用されるようになったのかについては不明である。紙袋の後は、箱に入れられるようになり、現在に至る。

　戦前の学生服の生地としては、綿とウールがあり、前者はこの後紹介する岡山県の児島地域で多く製造され、後者は毛織物の産地である愛知県や各地の洋装店（注文服）などで調製された。ウールは原材料の価格や取扱い技術により、綿と比べて高価になる傾向があり、裕福な家庭ではウール生地の学生服が誂えられたが、庶民の学生服はもっぱら綿製であったと考えられる。綿製の学生服は、霜降り生地でできた夏向きのものと黒小倉生地でできた冬向きのもの（裏つき）の二種類があった。ここでは始めに夏用と冬用の学生服を一着ずつ説明した後、それぞれの会社の学生服を紹介していく。学生服そのものは、生地もかたちも各社に違いはないが、異なるのは商標デザインをもとにした襟章、襟元ラベルや名前ラベルなどである。

図24-1

図24-2

図24-1：霜降りの学生服（乃木服）
●年代不明
備前小倉織株式会社（後に備前興業株式会社）の学生服。
※個人蔵

図24-2：霜降りの生地（拡大）
●年代不明
夏向きの学生服生地として用いられた綿織物。
※個人蔵

図24-3

図24-4

図24-5

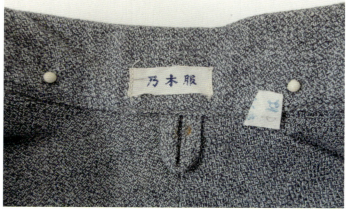

図24-6

図24-7

図24-3:上着 ●年代不明
折襟、五つボタン、雨蓋ポケットのついた上着。サイズ2号。
※個人蔵

図24-4:肘当て(裏側) ●年代不明
袖の肘の部分に裏側から肘当てがつけられている。
※個人蔵

図24-5:襟章 ●年代不明
桜に「乃木服」の文字。
※個人蔵

図24-6:襟元ラベル ●年代不明
文字のみのラベル。ラベルの両側には、カラーをとめる出っ張りがつけられている。
※個人蔵

図24-7:名前ラベル ●年代不明
名前ラベルには、桜に乃木将軍の商標が刺繍でつけられている。
※個人蔵

図24-8

図24-9

図24-10

図24-11

図24-8：半ズボン ●年代不明
前はボタンで留める仕様になっている。
※個人蔵

図24-9：尻当て（裏側） ●年代不明
半ズボンには尻当てがつけられ、丈夫な仕立てになっている。
※個人蔵

図24-10：替ボタン ●年代不明
替ボタンをつける紙にも商標のデザインが入れられている。
※個人蔵

図24-11：看板 ●年代不明
木製の乃木将軍印学生服の看板。昭和30年代にホーロー看板が出回る前までは、木製の看板が使用された。中央に乃木将軍の商標が付けられていたと思われる。全国に販売特約店があった。この看板は北海道から出てきたものである。
※個人蔵

第24章 ❖ 商品としての学生服・セーラー服 | 187

図24-12：黒小倉の学生服（東櫻学生服）
●年代不明
埼玉の「KOITAYA HIFUKU」の学生服。
※個人蔵

図24-13：黒小倉の生地（拡大）
●年代不明
冬向きの学生服生地として用いられた綿織物。
※個人蔵

図24-14：上着
●年代不明
折襟、五つボタン、雨蓋ポケットのついた上着。サイズ2号。
※個人蔵

図24-15：襟章
●年代不明
「NIPPON東桜」の文字。
※個人蔵

図24-16：襟元ラベル
●年代不明
「日本工業規格型」のラベルに、当時の値札もついている。
※個人蔵

図24-15

図24-16

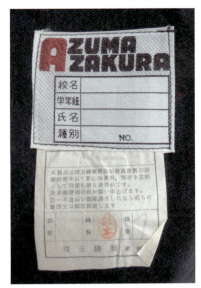

図24-17

図24-18

図24-19

図24-17：名前ラベル
◉年代不明
名前ラベルの下には、縫製保証のタグがつけられている。
※個人蔵

図24-18：長ズボン
◉年代不明
前はボタンで留める仕様になっている。
※個人蔵

図24-19：膝当て
◉年代不明
長ズボンの膝部分に補強の切れがつけられている。
※個人蔵

図24-20：東櫻学生服（袋）
◉年代不明
※個人蔵

図24-20

第24章 ❖ 商品としての学生服・セーラー服

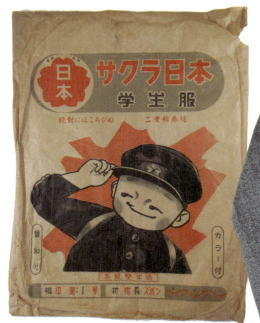

図24-21

図24-22

図24-21：サクラ日本学生服（袋） ●年代不明
児島の石井産業株式会社の学生服。「絶対にほころびぬ二重線巻縫」とアピールポイントが示されている。
※個人蔵

図24-22：上着 ●年代不明
霜降りの折襟の上着、半ズボンのセット。サイズ1号。
※個人蔵

図24-23：襟章 ●年代不明
桜に「サクラ日本」の文字。
※個人蔵

図24-24：襟元ラベル ●年代不明
※個人蔵

図24-25：名前ラベル ●年代不明
※個人蔵

図24-23

図24-24 図24-25

図24-26

図24-27

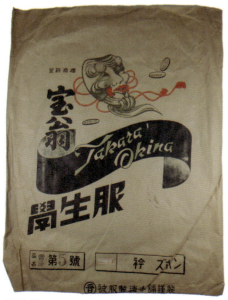
図24-30

図24-28

図24-29

図24-31

図24-26：鷲山萬印学生服（袋）
◉年代不明
霜降りの折襟の上着、長ズボンのセット。サイズ5号。
※個人蔵

図24-27：襟章
◉年代不明
※個人蔵

図24-28：襟元ラベル
◉年代不明
純綿製品であることがわかる。
※個人蔵

図24-29：名前ラベル
◉年代不明
※個人蔵

図24-30：宝翁学生服（袋）
◉年代不明
霜降りの折襟の上着、長ズボンのセット。サイズ5号。
※個人蔵

図24-31：襟章
◉年代不明
「MARUSHIN宝翁」の文字。
※個人蔵

第24章 ❖ 商品としての学生服・セーラー服

図24-32

図24-33

図24-34

図24-32：襟元ラベル
◉年代不明
850円の値札つき。
※個人蔵

図24-33：名前ラベル
◉年代不明
※個人蔵

図24-34：替ボタン
◉年代不明
時間割が書き込めるようになっている。
※個人蔵

図24-35：大楠公学生服（袋）表
◉年代不明
霜降りの折襟の上着、半ズボンのセット。サイズ1号。
※個人蔵

図24-36：裏
◉年代不明
アピールポイントの他に、受賞歴が書き込まれている。
※個人蔵

図24-35

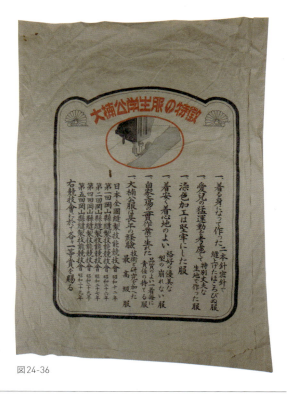

図24-36

図24-37

図24-38

図24-39

図24-37：襟章 ●年代不明
「大楠公」の文字。
※個人蔵

図24-38：襟元ラベル ●年代不明
※個人蔵

図24-39：名前ラベル ●年代不明
※個人蔵

図24-40：替ボタン ●年代不明
※個人蔵

図24-40

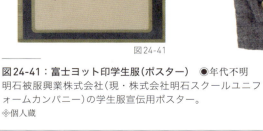
図24-41

図24-42

図24-41：富士ヨット印学生服（ポスター） ●年代不明
明石被服興業株式会社（現・株式会社明石スクールユニフォームカンパニー）の学生服宣伝用ポスター。
※個人蔵

図24-42：上着 ●年代不明
霜降りの折襟の上着、半ズボンのセット。サイズ4号。
※個人蔵

第24章 ◆ 商品としての学生服・セーラー服 | 193

図24-43

図24-43：襟章
◉年代不明
桜に「ヨット」の文字。
※個人蔵

図24-44：襟元ラベル
◉年代不明
純綿の表記が入れられている。
※個人蔵

図24-44

図24-45

図24-45：襟の縁どり
◉年代不明
カラーをつけているように見える襟の白いふちどり。
※個人蔵

図24-46：名前ラベル
◉年代不明
※個人蔵

図24-47：替ボタン
◉年代不明
※個人蔵

図24-46

図24-47

図24-48

図24-49：襟章
●年代不明
※個人蔵

図24-48：アサヒトンボ学生服（上着）
●年代不明
霜降りの折襟の上着、半ズボンのセット。サイズ1号。
※個人蔵

図24-50：襟元ラベル　●年代不明
※個人蔵

図24-51：名前ラベル　●年代不明
※個人蔵

図24-52：替ボタン　●年代不明
東京大学の安田講堂が描かれている。
※個人蔵

図24-50

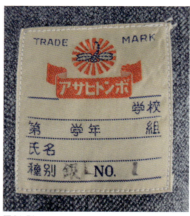

図24-51

図24-52

第24章 ◆ 商品としての学生服・セーラー服 | 195

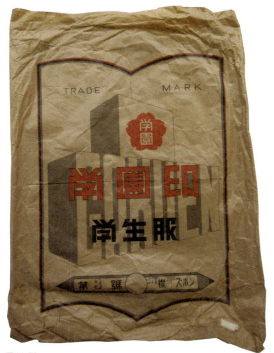
図24-53

図24-54

図24-55

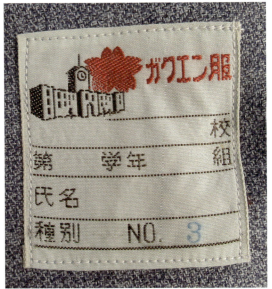
図24-56

図24-57

図24-53：学園印学生服（袋）
●年代不明
霜降りの折襟の上着、半ズボンのセット。サイズ3号。
※児島学生服資料館蔵

図24-54：襟章
●年代不明
桜に「ガクエン」の文字。
※児島学生服資料館蔵

図24-55：襟元ラベル
●年代不明
※児島学生服資料館蔵

図24-56：名前ラベル
●年代不明
※児島学生服資料館蔵

図24-57：替ボタン
●年代不明
※児島学生服資料館蔵

図24-58

図24-58：太陽櫻学生服（袋）
●年代不明
霜降りの折襟の上着、半ズボンのセット。
サイズ5号。
※児島学生服資料館蔵

図24-60

図24-59

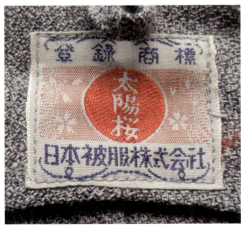

図24-61

図24-62

図24-59：上着
●年代不明
※児島学生服資料館蔵

図24-60：襟章
●年代不明
「太陽桜」の文字。
※児島学生服資料館蔵

図24-61：襟元ラベル
●年代不明
※児島学生服資料館蔵

図24-62：名前ラベル
●年代不明
※児島学生服資料館蔵

第24章 ❖ 商品としての学生服・セーラー服

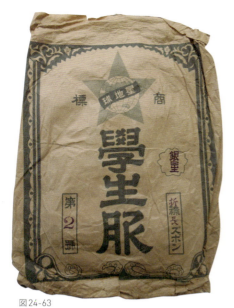

図24-63

図24-63:星地球学生服(袋)
●年代不明
霜降りの折襟の上着、長ズボンのセット。サイズ2号。
※児島学生服資料館蔵

図24-64:上着
●年代不明
※児島学生服資料館蔵

図24-64

図24-65

図24-65:内側
●年代不明
※児島学生服資料館蔵

図24-66:ズボン吊り
●年代不明
リボン状のズボン吊りがついている。
※児島学生服資料館蔵

図24-66

図24-67

図24-68

図24-69

図24-70

図24-67：東郷印幼児服（袋）
◉年代不明
霜降りの折襟の上着、長ズボンのセット。サイズ3号。
※児島学生服資料館蔵

図24-68：襟章
◉年代不明
桜に「東郷」の文字と錨のマーク。
※児島学生服資料館蔵

図24-69：名前ラベル
◉年代不明
※児島学生服資料館蔵

図24-70：ズボン吊り
◉年代不明
※児島学生服資料館蔵

第24章 ❖ 商品としての学生服・セーラー服 | 199

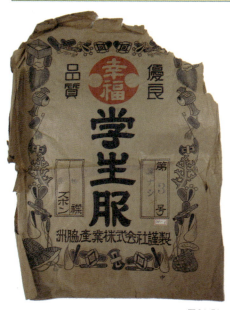

図 24-71

図 24-72

図 24-71：幸福学生服（袋）
● 年代不明
黒生地の折襟の上着（裏なし）、長ズボンのセット。サイズ3号。
※個人蔵

図 24-72：上着
● 年代不明
※個人蔵

図 24-73：襟章
● 年代不明
桜に「小学」の文字。
※個人蔵

図 24-74：名前ラベル
● 年代不明
※個人蔵

図 24-75：長ズボン
● 年代不明
※個人蔵

図 24-76：替ボタン
● 年代不明
※個人蔵

図 24-73　　図 24-74

図 24-75　　図 24-76

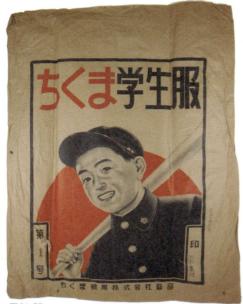

図24-77

図24-77：ちくま学生服（袋）
◉年代不明
黒生地の折襟の上着（裏つき）、半ズボンのセット。
サイズ1号。
※個人蔵

図24-78

図24-79

図24-80

図24-78：上着
◉年代不明
※個人蔵

図24-79：上着の内側（裏つき）
◉年代不明
※個人蔵

図24-80：襟章
◉年代不明
桜に「ちくま」の文字。
※個人蔵

図24-81

図24-82

図24-83

図24-81：襟元ラベル
◉年代不明
純綿である。
※個人蔵

図24-82：名前ラベル
◉年代不明
※個人蔵

図24-83：替ボタン
◉年代不明
補修用ともぎれが付いている。
※個人蔵

図24-84：はたゞるま印学生服（上着）
◉年代不明
黒生地の折襟の上着（裏なし）、長ズボンのセット。
サイズ2号。
※個人蔵

図24-84

図24-85

図24-86

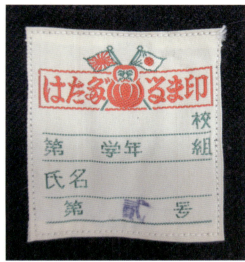

図24-87

図24-85：襟章
◉年代不明
「ハタダルマ」の文字。
※個人蔵

図24-86：襟元ラベル
◉年代不明
※個人蔵

図24-87：名前ラベル
◉年代不明
※個人蔵

図24-88：マルマン学生服（上着）
◉年代不明
黒生地の折襟の上着（裏つき）、長ズボンのセット。
サイズ5号。
※個人蔵

図24-88

第24章 ❖ 商品としての学生服・セーラー服 | 203

図24-89

図24-89：襟章
◉年代不明
丸に「万」の文字。
※個人蔵

図24-90：襟元ラベル
◉年代不明
純綿。
※個人蔵

図24-91：名前ラベル
◉年代不明
※個人蔵

図24-92：替ボタン
◉年代不明
※個人蔵

図24-90

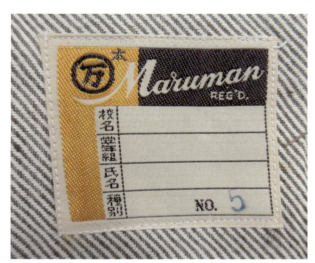

図24-91

図24-92

図24-93

図24-94

図24-95

図24-93：旭ツバメ学生服（袋）
●年代不明
黒生地の折襟の上着（裏つき）、長ズボンのセット。サイズ5号。
※児島学生服資料館蔵

図24-96

図24-97

| 図24-94：襟章　●年代不明 | 図24-96：名前ラベル　●年代不明 |
ツバメのモチーフ。 | ※児島学生服資料館蔵 |
※児島学生服資料館蔵 | |
| 図24-95：襟元ラベル　●年代不明 | 図24-97：替ボタン　●年代不明 |
※児島学生服資料館蔵 | ※児島学生服資料館蔵 |

第24章 ❖ 商品としての学生服・セーラー服

図24-98

図24-100

図24-99

図24-101

図24-98：ホームラン印KO服（袋）
◉年代不明
学生服の形態とは異なるKO服。KOは「慶應義塾」に由来。
※個人蔵

図24-99：KO服
◉年代不明
霜降りの生地。開襟、ダブルボタン。サイズ1号。
※個人蔵

図24-100：ボタン
◉年代不明
ペン2本を交差させたデザイン。
※個人蔵

図24-101：襟元ラベル
◉年代不明
※個人蔵

図24-102

図24-103

図24-104

図24-105

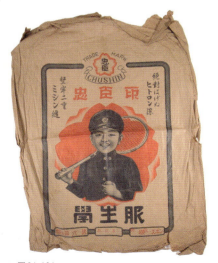

図24-106

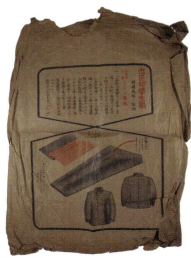

図24-107

図24-102：乃木将軍印学生服（袋）
◉年代不明
乃木将軍印学生服の袋。裏に本商品の特徴が列記されている。
※児島学生服資料館蔵

図24-103：乃木将軍印学生服（袋裏）
◉年代不明
※児島学生服資料館蔵

図24-104：乃木服（袋）
◉年代不明
備前興業株式会社時代の乃木服の袋。同じく裏に本商品の特徴が書かれてある。
※児島学生服資料館蔵

図24-105：乃木服（袋裏）
◉年代不明
※児島学生服資料館蔵

図24-106：忠臣印学生服（袋）
◉年代不明
西原本店の忠臣印学生服の袋。染めが堅牢であること、縫製がしっかりしていることがアピールポイントである。
※児島学生服資料館蔵

図24-107：忠臣印学生服（袋裏）
◉年代不明
※児島学生服資料館蔵

第24章 ❖ 商品としての学生服・セーラー服

図24-108

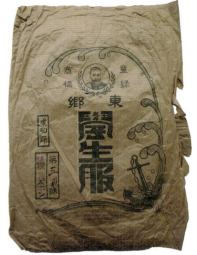

図24-109

図24-110

図24-111

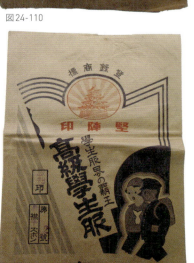

図24-112

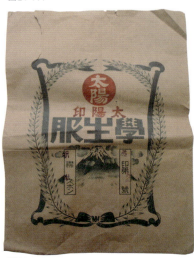

図24-113

図24-108：東郷印学生服（袋）
●年代不明
尾崎織物株式会社の東郷印学生服の袋。
※児島学生服資料館蔵

図24-109：東郷学生服成功印（袋）
●年代不明
※児島学生服資料館蔵

図24-110：アサヒ将軍印学生服（袋）
●年代不明
アサヒ将軍は、児島の大西忠文により昭和12（1937）年に商標登録されている。
※児島学生服資料館蔵

図24-111：堅陣印学生服（袋）
●年代不明
堅陣は、児島の角南義夫が昭和12（1937）年に商標登録している。
※児島学生服資料館蔵

図24-112：堅陣印学生服（袋）
●年代不明
※児島学生服資料館蔵

図24-113：太陽印学生服（袋）
●年代不明
※児島学生服資料館蔵

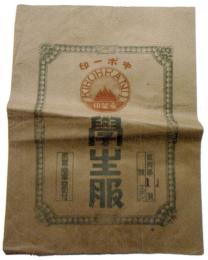

図24-114

図24-115

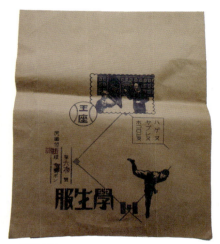

図24-116

図24-117

図24-118

図24-119

図24-114：キボー印学生服（袋）
◉年代不明
尻当・肘当・替釦付がアピールされている。
※児島学生服資料館蔵

図24-115：久美愛服（袋）
◉年代不明
※児島学生服資料館蔵

図24-116：王座学生服（袋）
◉年代不明
※児島学生服資料館蔵

図24-117：マンテン学生服（袋）
◉年代不明
※児島学生服資料館蔵

図24-118：和信印学生服（袋）
◉年代不明
※児島学生服資料館蔵

図24-119：マルマン学生服（袋）
◉年代不明
児島の丸万被服株式会社の学生服の袋。
※児島学生服資料館蔵

第24章 ❖ 商品としての学生服・セーラー服

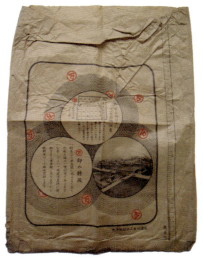
図24-120

図24-121

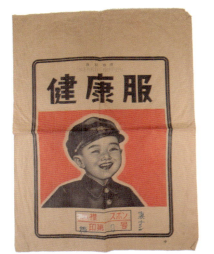
図24-122

図24-123

図24-124

図24-125

図24-120：マルマン学生服（袋裏）
●年代不明
※児島学生服資料館蔵

図24-121：アサヒドリ学生服（袋）
●年代不明
帝国被服株式会社のアサヒドリ学生服の袋。
※個人蔵

図24-122：健康服（袋）
●年代不明
※個人蔵

図24-123：一文字学生服（袋）
●年代不明
※個人蔵

図24-124：サンキュー印学生服（袋）
●年代不明
※個人蔵

図24-125：特製学生服（袋）
●年代不明
※個人蔵

図24-126

図24-127

図24-126：マルマン学生服（箱）
◉年代不明
児島の丸万被服株式会社の学生服の箱。
※個人蔵

図24-127：箱入り
◉年代不明
※個人蔵

図24-129

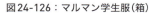
図24-128

図24-128：チャンピオン学生服（箱）
◉年代不明
北海道の小樽産業のチャンピオン学生服の箱。
※個人蔵

図24-129：上着
◉年代不明
黒コール天生地の折襟の上着（裏つき）。サイズ４号。
※個人蔵

第24章 ❖ 商品としての学生服・セーラー服 | 211

図24-130

図24-131

図24-130：上着の内側
◉年代不明
※個人蔵

図24-131：襟章
◉年代不明
桜に「チャンピオン」の文字。
※個人蔵

図24-132：襟元ラベル
◉年代不明
値札から販売店名が分かる。
※個人蔵

図24-133：名前ラベル
◉年代不明
※個人蔵

図24-134：替ボタン
◉年代不明
※個人蔵

図24-132

図24-133

図24-134

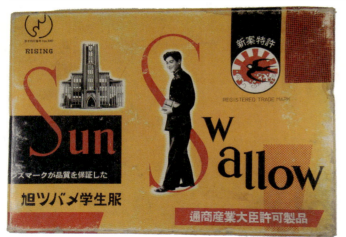

図24-135

図24-136

図24-137

図24-135：旭ツバメ学生服（箱）
◉年代不明
児島の旭被服興業株式会社の学生服の箱。
東京大学の安田講堂が描き込まれている。
※個人蔵

図24-136：箱入り
◉年代不明
※個人蔵

図24-137：襟章
◉年代不明
ツバメのモチーフに「旭ツバメ」の文字。
※個人蔵

図24-138：大臣印学生服（箱）
◉年代不明
児島の脊板本店の学生服の箱。伊藤博文の
商標がつけられている。
※個人蔵

図24-139：箱入り
◉年代不明
倉敷ビニロンの生地が使用されている。
※個人蔵

図24-138

図24-139

第24章 ❖ 商品としての学生服・セーラー服 | 213

図24-140

図24-141

図24-142

図24-140：名前ラベル
●年代不明
※個人蔵

図24-141：ボタン ●年代不明
学生服本体には、中学のボタンがつけられている。
※個人蔵

図24-142：替ボタン ●年代不明
高校のボタン（大小）が別添えになっている。
※個人蔵

図24-143

図24-144

図24-145

図24-143：大臣印学生服（ポスター）
●年代不明
モダンな雰囲気のポスター。男子は黒のストッキングをはき、黒の革靴をはいている。女子はセーラー服に合わせて、モダンなバッグをもっている。
※個人蔵

図24-144：岡山桜学生服（箱）
●年代不明
岡山桜の商標の中に、岡山城と思われる城が描かれている。
※個人蔵

図24-145：箱入り
●年代不明
カシミヤドスキンの生地の広告写真のバックには、東京大学の安田講堂が写っている。
※個人蔵

図24-146：大石印女生服（袋）
◉年代不明
明石被服興業株式会社の大石印のセーラー服の袋。
※個人蔵

図24-147：上着
◉年代不明
上着のみで、スカートは別売り。白地の身頃に紺地の襟とカフスが付けられ、白線が3本入れられている。添え付けのリボンは鮮やかなブルーである。
※個人蔵

図24-148：背面
◉年代不明
※個人蔵

図24-149：ラベル
◉年代不明
※個人蔵

図24-146　　　図24-149

図24-147　　　図24-148

第24章 ❖ 商品としての学生服・セーラー服

図24-150

図24-151

図24-152

図24-153

図24-150：ホームラン印女子セーラ服（袋）　●年代不明
※個人蔵

図24-151：上着　●年代不明
上着のみ。白地の身頃に紺地の襟とカフスが付けられている。上着は前開きである。
※個人蔵

図24-152：背面　●年代不明
※個人蔵

図24-153：チクマセーラー服（袋）　●年代不明
※個人蔵

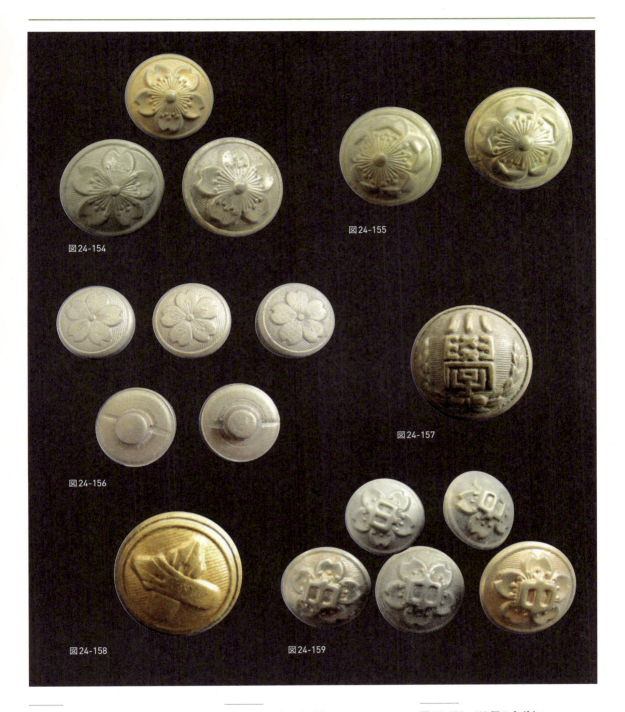

図24-154：小学生用の学生服金ボタン（桜）
◉年代不明
小学生向け学生服のボタンには桜が彫刻されている。
※個人蔵

図24-155：桜の金ボタン
◉年代不明
※個人蔵

図24-156：桜の金ボタン
◉年代不明
※個人蔵

図24-157：「小学」の金ボタン
◉年代不明
※個人蔵

図24-158：KO服の金ボタン
◉年代不明
※個人蔵

図24-159：中学の金ボタン（桜）
◉年代不明
中学生向け学生服のボタンには、「中」の字が入る。
※個人蔵

第24章 ❖ 商品としての学生服・セーラー服

図24-160：「中学」の金ボタン（桜）
●年代不明
※個人蔵

図24-161：中学の金ボタン
●年代不明
※個人蔵

図24-162：「横中」の金ボタン
●年代不明
※個人蔵

図24-163：陶製の学生服ボタン（戦時中）
●年代不明
※個人蔵

図24-164：高校の金ボタン
●年代不明
高校生向け学生服のボタンには、「高」の字が入る。
※個人蔵

図24-165：高校の金ボタン
●年代不明
※個人蔵

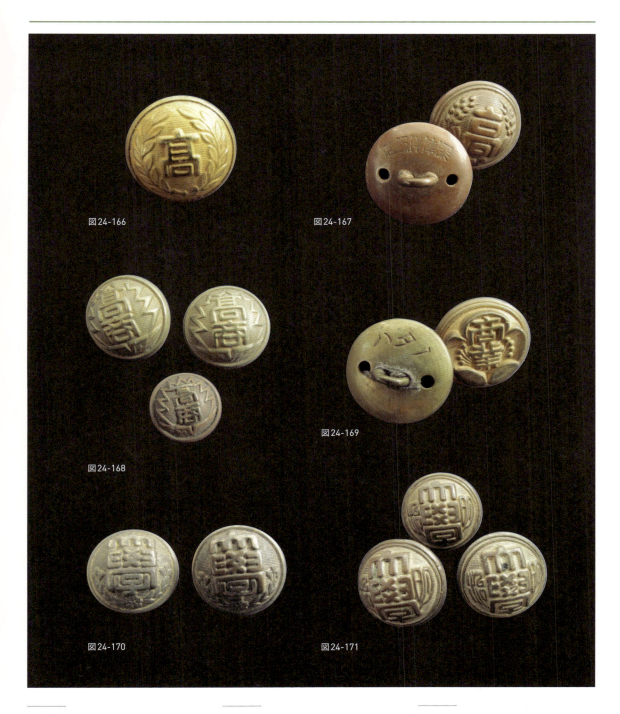

図24-166:高校の金ボタン
◉年代不明
※個人蔵

図24-167:高校の金ボタン
◉年代不明
ボタンの裏側に洋服店の名前が刻まれている。
※個人蔵

図24-168:「高商」の金ボタン
◉年代不明
※個人蔵

図24-169:「商業」の金ボタン
◉年代不明
※個人蔵

図24-170:大学の金ボタン
◉年代不明
大学生向け学生服のボタンには、「大学」の字が入る。
※個人蔵

図24-171:大学の金ボタン
◉年代不明
※個人蔵

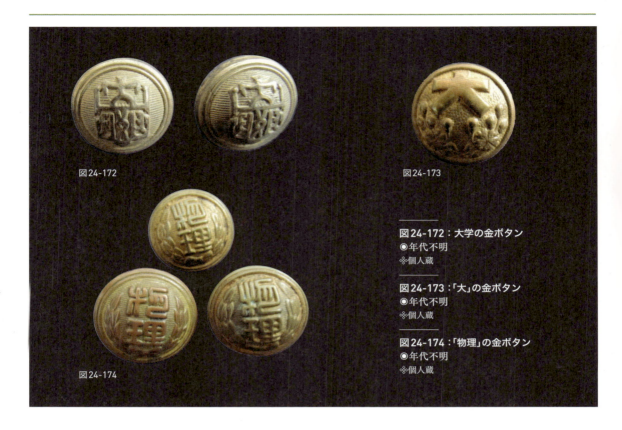

図24-172

図24-173

図24-174

図24-172：大学の金ボタン
◉年代不明
※個人蔵

図24-173：「大」の金ボタン
◉年代不明
※個人蔵

図24-174：「物理」の金ボタン
◉年代不明
※個人蔵

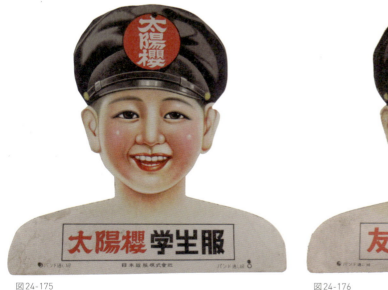

図24-175

図24-176

図24-175：太陽櫻のハンガー
◉年代不明
商品掲示用のハンガー。
※日本被服株式会社蔵

図24-176：友愛印のハンガー
◉年代不明
※個人蔵

第25章
学生服の商標ラベル

　学生服の商標ラベルはハガキ大のサイズで、商品の上着に針金でとめつけられた。ここに紹介するほとんどのラベルは年代不明であるが、商標のデザインを見ていくと、明治時代に活躍した軍人や戦争と関わるモチーフが取り上げられ、戦前に使用されたと判断できるものもある。いくつかの商標ラベルについては、郷土史の記録や商標公報により、使用者や登録年代を特定できた。しかしラベルはあっても詳細が分からないもの、逆に商標公報で登録があるものの現物のラベルを確認できないものもあった。今後、モノと情報を照合させながら、コレクションの充実・拡大に努めていきたいと思っている。

　特に岡山県の学生服産地である児島地域から登録された戦前の商標には、伊藤博文や東郷平八郎など明治時代以降に活躍した政治家や軍人をはじめ、忠臣として活躍した楠木正成や児島高徳、忠臣蔵で有名な大石内蔵助など、歴史上の人物が多く取り上げられた。これは、児島の学生服が主に男子小学生向けであったことと関係している。当時の小学校では国史や修身教育において、忠君愛国の精神の育成が目指され、そうした教育理念に沿う商標が、教員や保護者の支持を得て、円滑な販売につながったのではないかと考えられる。また「武勇」「君国」「進軍」「征服」「軍功」「堅陣」といった戦争を連想させるキーワードも商標として多く用いられた。このように商標には当時の世相が色濃く反映されている。

図25-1

図25-1：菅公印学生服
●年代不明
児島の尾崎商事株式会社（現・菅公学生服）の商標。学問の神様としてまつられる菅原道真が商標のモチーフ。当時、菅公印はすでに東京の帽子店（日本橋馬喰町）により商標登録されていたため、尾崎商事が商標権を買い取り、昭和11（1936）年に学生服の商標として登録が行なわれた。
※児島学生服資料館蔵

図25-2

図25-3

図25-4

図25-2：大楠公学生服 ●年代不明
児島織物株式会社の商標。当社でははじめ武将の児島高徳の商標を用いていたが、昭和3（1928）年に足袋製造から学生服製造に転業した西原本店が「忠臣印」を商標としたことから、楠木正成をモチーフとした「大楠公」に商標を変更した。なお、当時「大楠公」は大阪の帽子店（東区高麗橋詰町）が使用していたため、商標権を買い取っての登録であった。児島高徳も楠木正成も、鎌倉時代末期から南北朝時代にかけて活躍し、天皇に忠誠を尽くした人物として明治時代以降顕彰されていく。
※個人蔵

図25-3：忠臣印学生服（鶴） ●年代不明
児島の西原本店の商標。昭和3（1928）年より使用された。南朝の忠臣として称えられた児島高徳が商標のモチーフ。商標にある「鶴」や「櫻」は、学生服のランクを表す。
※個人蔵

図25-4：忠臣学生服（櫻） ●年代不明
※児島学生服資料館蔵

図25-5：大臣印学生服 ●年代不明
児島の脊板本店の商標。初代総理大臣の伊藤博文が商標のモチーフ。昭和6（1931）年に登録された。「末は博士か大臣か」といわれるように、男子の将来の夢の一つが大臣であったことから命名された。
※個人蔵

図25-6：東郷学生服 ●年代不明
児島の尾崎織物株式会社の商標。昭和9（1934）年に登録された。日露戦争で活躍した海軍大将の東郷平八郎が商標のモチーフ。東郷は日露戦争の日本海海戦においてロシアのバルチック艦隊を破った英雄として称えられた人物である。
※児島学生服資料館蔵

図25-5

図25-6

図25-7

図25-8

図25-9

図25-10

図25-11

図25-7：乃木将軍印学生服
●年代不明
岡山市の備前小倉織株式会社の商標。昭和4(1929)年に松井清一により商標登録された。日露戦争の旅順攻囲戦を指揮した陸軍大将の乃木希典が商標のモチーフである。乃木将軍印の学生服は、天満屋百貨店で販売されたことが当時の新聞広告からも確認できる。
※個人蔵

図25-8：乃木将軍学生服
●年代不明
※個人蔵

図25-9：乃木将軍印学生服
●年代不明
※個人蔵

図25-10：乃木将軍印学生服
●年代不明
※個人蔵

図25-11：乃木将軍印学生服
●年代不明
※個人蔵

図25-12

図25-13

図25-14

図25-15

図25-12：乃木服
◉年代不明
※個人蔵

図25-13：征服印学生服
◉年代不明
児島の明石歓太郎商店(現・株式会社明石スクールユニフォームカンパニー)の商標。もとは帯やゲートルを製造していたが、昭和7(1932)年から学生服製造を開始する。「征服印」の商標は、昭和8(1933)年に登録された。馬に乗った軍人が描かれており、満州事変以降の軍国主義的風潮が反映されている。
※個人蔵

図25-14：國威学生服
◉年代不明
詳細不明。地図を見ると、日本の領土として台湾や朝鮮半島が同じ色で塗られており、戦前に使用された商標と考えられる。
※児島学生服資料館蔵

図25-15：國威学生服
◉年代不明
※児島学生服資料館蔵

図25-16

図25-17

図25-18

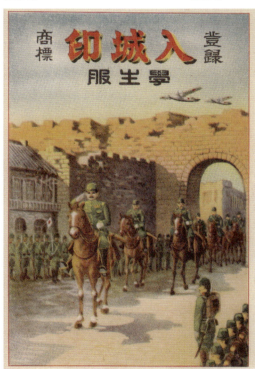
図25-19

図25-20

図25-16：武勇学生服 ●年代不明
児島の柏野熊太郎により昭和5（1930）年に登録された商標。
※児島学生服資料館蔵

図25-17：寶國学生服 ●年代不明
※個人蔵

図25-18：特製学生服 ●年代不明
※児島学生服資料館蔵

図25-19：入城印学生服 ●年代不明
児島（味野町）の三宅三次が昭和13（1938）年に登録した商標。陸軍大将・松井石根の南京入城をモチーフとしている。前年に日中戦争が勃発し、松井は中支那方面軍司令官として、上海・南京作戦を指揮した（後にA級戦犯として刑死）。前年に起こった出来事が商標のモチーフに取り入れられており、その即時性に驚かされる。
※個人蔵

図25-20：赤玉学生服 ●年代不明
※個人蔵

図25-21

図25-22

図25-23

図25-24

図25-25

図25-21：マルマン学生服
◉年代不明
※個人蔵

図25-22：マルガク服
◉年代不明
※個人蔵

図25-23：マナビ服
◉年代不明
※個人蔵

図25-24：日本一学生服
◉年代不明
※個人蔵

図25-25：サクラ日本学生服
◉年代不明
児島の石井産業株式会社の商標。
※個人蔵

図25-26

図25-27

図25-26：太陽櫻学生服
◉年代不明
児島の日本被服株式会社の商標。昭和11（1936）年に登録。
※児島学生服資料館蔵

図25-27：ハトサクラ学生服
◉年代不明
児島のオゴー産業株式会社の商標。石炭商を営んでいた小郷商店が学生服などの縫製業を兼営したのが昭和2（1927）年。
※児島学生服資料館蔵

図25-28：アサヒデフネ印学生服
◉年代不明
児島の株式会社アサヒデフネの商標。
※個人蔵

図25-29：アサヒトンボ印
◉年代不明
児島（現・玉野市）の帝国足袋株式会社の商標。もとは足袋を製造していたが、昭和5（1930）年より学生服製造を開始する。この商標は足袋の商標としても登録されていた。
※個人蔵

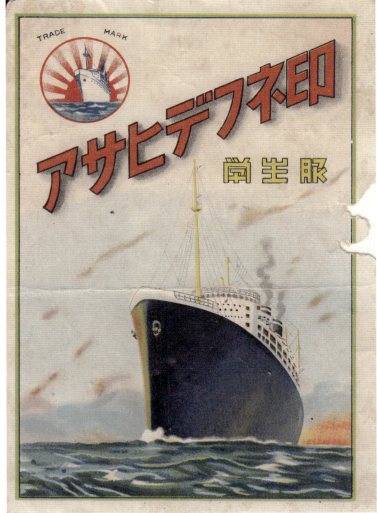
図25-28

図25-29

第25章 ❖ 学生服の商標ラベル

図25-30

図25-31

図25-32

図25-30：旭ツバメ学生服　●年代不明
児島の旭被服興業株式会社の商標。
※児島学生服資料館蔵

図25-31：星地球学生服　●年代不明
※児島学生服資料館蔵

図25-32：千扇印学生服　●年代不明
※個人蔵

図25-33：はただるま印学生服　●年代不明
※児島学生服資料館蔵

図25-34：だるま印学生服　●年代不明
※児島学生服資料館蔵

図25-33

図25-34

図25-35

図25-36

図25-37

図25-38

図25-39

図25-35：大黒印学生服
●年代不明
※個人蔵

図25-36：マルマン学生服
●年代不明
児島の丸万被服株式会社の商標。
※児島学生服資料館蔵

図25-37：ほまれ印学童服
●年代不明
※児島学生服資料館蔵

図25-38：幸福印学生服
●年代不明
児島の洲脇産業株式会社の商標。
※個人蔵

図25-39：日日印学生服
●年代不明
※児島学生服資料館蔵

第25章 ◆ 学生服の商標ラベル　229

図25-40：フジ印学生服　●年代不明
※児島学生服資料館蔵

図25-41：野球印学生服　●年代不明
※個人蔵

図25-42：宝翁学生服　●年代不明
※個人蔵

図25-43：富士ヨット印学生服
●年代不明
児島の明石スクールユニフォームカンパニーの商標。明石歓太郎商店時代には、「征服印」「軍功印」「大石印」「忠臣蔵」などの商標が用いられたが、昭和19（1944）年に明石被服興業株式会社となり、戦後の昭和25（1950）年に現在の商標を登録した。
※個人蔵

図25-44：チャンピオン印学生服
●年代不明
※個人蔵

図25-40

図25-41

図25-43

図25-42

図25-44

図25-45

図25-47

図25-48

図25-46

図25-49

図25-45：鷲山萬学生服
◉年代不明
※個人蔵

図25-46：ちくま学生服
◉年代不明
大阪の株式会社チクマの商標。
※個人蔵

図25-47：文明印学生服
◉年代不明
※個人蔵

図25-48：クミアイ学生服のポスター
◉年代不明
※個人蔵

図25-49：セーラー服のポスター
◉年代不明
※個人蔵

第26章
児島における学生服製造

　岡山県旧児島郡で学生服製造が始められたのは大正7（1918）年頃である。主な先覚者としては、角南周吉、武内熊一、児島織物株式会社があげられ、彼らにより学生服製造および量産化の土台が築かれた（角田直一『児島機業と児島商人』）。

　角南周吉は、都会で学生服を着用した子どもを見かけたことがきっかけとなり、ゲートル製造から学生服製造へと転業した。出張した際見本を持ち帰り、大正7（1918）年頃から姉夫婦や近隣者と製造に取りかかった。角南が見かけた子ども服とは、第一次世界大戦の影響を受けて当時流行したセーラー型や詰襟型の男児服と思われる。また当時、服装改善運動により児童服の洋装化が推進され、児童向け洋服の学生服は時代の風潮とも合致していた。角南は子ども服の需要を見込み、洋服の製作技術や知識をもたない家庭に代わって、実用的な大衆衣料を提供しようとした。

　武内熊一は染色工であったが、大正9（1920）年に兵役除隊後、足袋生地で男子学生服を製造した。武内の場合は、兵役での軍服の着用経験が学生服製造に開眼するきっかけとなっている。武内は小学校で児童の採寸を行ないながら、独自に1号から6号までのサイズを考案した。

　児島織物株式会社（以下、児島社）は、小倉織などの織物を製造販売する会社であったが、大正10（1921）年頃、大阪商人の勧めにより学生服製造を開始した。自社製品の綿織物を使用し、会社組織での比較的規模の大きな製造体制を築いていく。シンガーの足踏ミシン20台から出発し、大正13（1924）年には動力ミシン40台、さらに9軒の下請け工場に外縫いミシンとして150台を配備した。昭和11（1936）年にはミシンが508台、翌年には614台、翌々年には653台に達した。児島近隣に分工場を設けるとともに、朝鮮の京城、満洲の奉天にも進出した。児島社の昭和10（1935）年時点の従業員数は、裁縫部に女性500名、男性100名、裁断部に男性50名の合計650

図26-1：日本被服株式会社『太陽櫻学生服営業案内』
●年代不明
「太陽桜」の商標で知られる日本被服株式会社（昭和5年創業）の『営業案内』。年代は不明であるが、陸軍被服廠の指定工場となったことが記されていることから、昭和13（1938）年以降、終戦までに発行されたものと考えられる。この『営業案内』によれば、当時普通ミシン400台、特殊ミシン85台を有し、従業員数750名により日産6700着、年産200万着が製造された。その他、冊子には織布・染色・裁断・縫製・仕上げなどの製造工程の写真が掲載されている。
※日本被服株式会社蔵

図26-1

名で、一日に冬物は約5000着、夏物は6000～7000着を製造した（『山陽新報』昭和10年10月6日）。

　学生服の製造にはミシンの縫製技術の習得が必須であるが、それらの技術は近隣同士で伝達し合い、主に女性によって担われた。女性への技術指導は、先に紹介した角南周吉や武内熊一が貢献した。角南は昭和6（1931）年に「角南洋服裁縫実習所」を設立し、小学校を卒業した女子を集め、全寮制で学問と裁縫技術を教授した。武内は農村の女子に縫製技術の指導をして回った。当時、ミシンを農村に貸出し、原材料を配布して縫製を担わせる「出機」という生産方法が採られており、武内はその担い手を育成したのであった。このように学生服の縫製に従事する女性労働力の育成が彼らを中心に行なわれ、地域一帯で学生服産業を支える体制が整えられていった。

　児島における学生服の製造量は、昭和10（1935）年には1000万着に及んだといわれている（『山陽新報』昭和10年10月4日）。この頃には学生服の需要に対し、生産過剰の状況となり、台湾や朝鮮、満洲などへも出荷されるようになった。株式会社トンボには、当時の台湾と朝鮮における販売活動の写真が残されている。昭和12（1937）年には岡山県学生服工業組合が結成された。それまで学生服製造業者たちは、備前織物同業組合に加入していたが、学生服製造の急激な成長により、独立した組合の設立が切望された。学生服工業組合では、粗製乱造の防止のための製品検査や学生服の規格の統一などが取り組まれた。また同年『岡山県統計年報』に、学生服の製造額がその他の衣料と区別されて計上されるようになった。岡山県における学生服製造は、独立した組合と統計項目ができるほど顕著な成長をとげ、一つの産業分野を形成するに至ったのである。

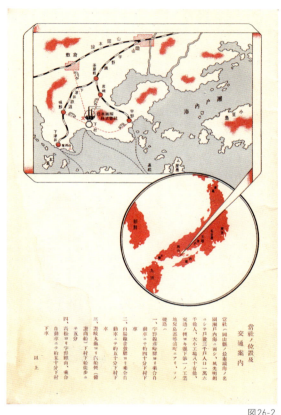

図26-2

図26-2：児島の位置
●年代不明
✣『営業案内』※日本被服株式会社蔵

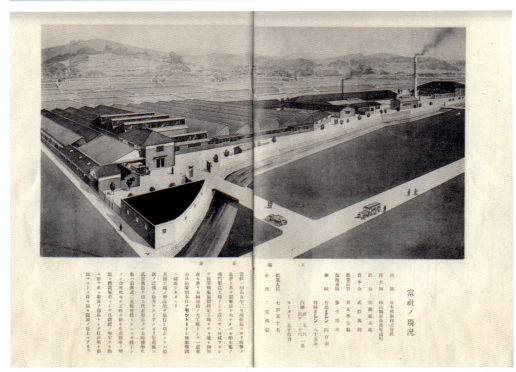

図26-3

図26-4

図26-3：当社の現況
◉年代不明
✣『営業案内』※日本被服株式会社蔵

図26-4：営業品目
◉年代不明
✣『営業案内』※日本被服株式会社蔵

図26-5

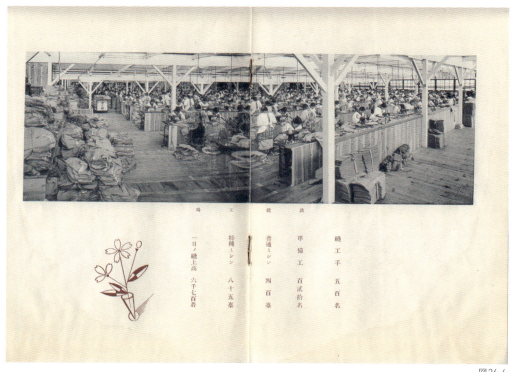

図26-6

図26-5：裁断工場
◉年代不明
❖『営業案内』※日本被服株式会社蔵

図26-6：裁縫工場
◉年代不明
❖『営業案内』※日本被服株式会社蔵

図26-7

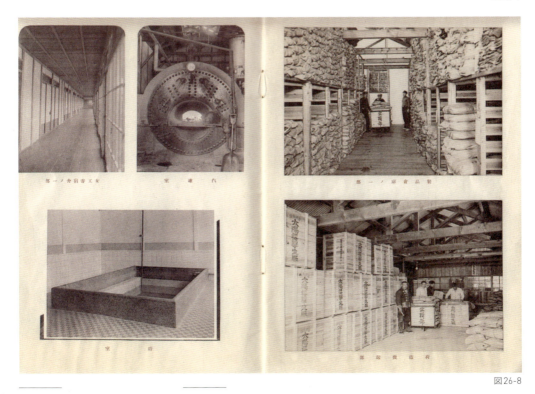

図26-8

図26-7：仕上工場
◉年代不明
❖『営業案内』❖日本被服株式会社蔵

図26-8：倉庫
◉年代不明
❖『営業案内』❖日本被服株式会社蔵

図26-9

図26-10

図26-11

図26-9：太陽櫻の商標
◉年代不明
✤『営業案内』※日本被服株式会社蔵

図26-10：太陽櫻の広告
◉戦時中
※個人蔵

図26-11：台湾での販売活動
◉年代不明
これらの写真は帝国足袋株式会社（現・株式会社トンボ、昭和5年より学生服製造を開始）の台湾と朝鮮での学生服販売を裏づける貴重な写真である。帝国足袋株式会社は、足袋の販売活動においても自動車でパレードを行なうなど異色の宣伝方法を採ったことで注目を集めた。写真にも、トンボや地球などの作り物、幟、太鼓などを伴って宣伝活動を行なった様子が窺える。
※株式会社トンボ蔵

図26-12：台湾での販売活動
◉年代不明
※株式会社トンボ蔵

図26-12

図26-13

図26-14

図26-13：朝鮮での販売活動　●年代不明
※株式会社トンボ蔵

図26-14：朝鮮での販売活動　●年代不明
朝鮮での販売活動の写真には、ハングルで「アサヒ」と書かれた法被を着ている少年が確認できる。
※株式会社トンボ蔵

図26-15

図26-15：朝鮮での販売活動
◉年代不明
左端の看板に「大邱」(テグ)の文字が見える。大邱は朝鮮半島の東南部に位置する内陸の都市で、ここに学生服販売の代理店が置かれたことが窺える。
※株式会社トンボ蔵

図26-16：朝鮮での販売活動
◉年代不明
※株式会社トンボ蔵

図26-16

あとがき

　ありがたいことに前著を上梓してすぐ、母校のお茶の水女子大学に助教として勤務することになった。しかし、それまでほとんど授業経験がなかったため、はじめの数年間は授業準備に時間をとられ、ほぼ研究に取り組むことができなかった。一番苦い思い出は、1コマ90分用に作成したつもりの教材が、たった15分で終わってしまったことである。いまだにその失敗が忘れられず、時間が余った時のためにいくつか話題を用意して授業に臨んでいる。他にも、45分ほど講義し終わったところで、先週と全く同じ内容をしゃべっていたことに気がつき、迷惑をかけたこともある。そんな私の失敗に文句も言わず、広い心で受け止めてくれている学生の皆さんへ、まずはお詫びと感謝の気持ちを述べておきたい。至らないところばかりで、ごめんなさい。そして、共に学ぶ機会を与えてくれて、どうもありがとう。今年で人生の半分をお茶の水女子大学で過ごすことになるが、こんなに長いお付き合いになるとは夢にも思わなかった。

　教育モードから研究モードに切り替えられたのは、ここ1〜2年ほどだが、勤務しながらの研究活動がこんなにもハードなものだとは思ってもみなかった。学生時代とは時間の使い方が全く異なり、まとまった時間がとれない中で研究を進めることのむずかしさを実感している。とはいえ、研究してみたいテーマが学校制服以外にも続々と見つかり、まだまだやる気も好奇心も失っていない。これからどんな出会いがあるか楽しみでもある。

　本書をまとめるにあたって、本当にたくさんの方々のご協力を賜った。東京大学文書館の森本祥子氏、学習院大学史料館の長佐古美奈子氏、学習院アーカイブズの桑尾光太郎氏、早稲田大学大学史資料センターの佐川享平氏、成城学園教育研究所の岩見寿子氏、旧制高等学校記念館の麻生沙絵氏、水上栄次氏、東京大学大学院総合文化研究科教養学部駒場博物館の丹羽みさと氏、六高記念館の有田美知子氏、京都市学校歴史博物館の和崎光太郎氏、山陽学園史料室の岩本奈緒子氏、お茶の水女子大学附属図書館の染井千佳氏には、年度末の多忙な時期に丁寧にご対応いただき、各機関からは貴重な資料画像のご提供を賜った。この他にも各方面より資料画像のご提供や掲載のご協力をいただいた。

　駒場博物館で一高の資料を拝見した際、偶然に隣り合わせ、その後さまざまなご教示をいただいた旧制一高同窓会の辻幸一氏、森下達朗氏、熊谷晃氏にも厚く御礼申し上げる。皆さまのご厚意により、2016年4月2日に開催された寮歌祭にも参

加させていただき、旧制高校の寮歌の伝統を肌で感じる貴重な経験を得られた。旧制高校をはじめ男子の制服研究については、皆さんにご指導いただきながら、さらに取り組むつもりである。

児島学生服資料館の荒木悟館長には、学生服メーカーが多忙を極める時期に、突然押しかけご迷惑をおかけしながら、各種資料の画像を提供いただいた。また学生時代よりお付き合いくださっている株式会社トンボの佐野勝彦氏にもご協力を賜った。

学生服の商標ラベルでは、ラベルコレクターの上ヶ島理氏、また間をとりもってくださったフォトグラファーのムッシュ徳岡氏にも感謝申し上げる。コレクターの皆さんの探究心や知の体系に、研究者として学ぶべきものが多かった。

そして二度目となる出版の機会を与えてくださった編集者の山口泰生氏には、辛抱強く原稿を待っていただいた。この職に就くことができたのも、単著を刊行することができたからに他ならない。強力なバックアップには感謝してもしきれない。

最後に、何年もの間リサーチに車で同行してくれた本村淳子さん、何度も折れそうになる心を立て直してくれた野田亜由美さん、授業の教材を提供してくれた牧安奈さんの3名の同級生にも感謝の意を伝えたい。同世代の女性たちの日々の奮闘や活躍に励まされながら、今後も研究生活を続けていきたいと思う。

　2016年5月

東京・大塚の研究室にて　　難波知子

参考文献一覧

愛知県立豊橋東高等学校『アルバムひがし』1981年
愛知県立豊橋東高等学校『校史ひがし 豊橋東高校九十年史』1991年
愛知県立豊橋東高等学校『世紀をこえて 創立100周年記念アルバム』2002年
愛知県立名古屋西高等学校『創立80周年記念誌』1995年
青森県立青森高等学校『青森高校百年史』2003年
青森県立弘前中央高等学校『八十年史』1980年
青山師範学校『創立六十年』(復刻版) 第一書房、1984年
明石被服興業株式会社編『制服革命』1986年
跡見学園『写真で見る跡見学園の歩み』2000年
跡見学園女子大学花蹊記念資料館『跡見学校の校服をたどる 明治・大正期の女学生』1998年
石川県立大聖寺高等学校『七十年史』1980年
井口あくり・可児徳・川瀬元九郎・高島平三郎・坪井玄道『体育之理論及実際』国光社、1906年
茨城県立水戸第三高等学校『創立50周年記念誌 あおい』1976年
茨城県立水戸第二高等学校『水戸二高七十年史』1970年
稲垣恭子『女学校と女学生—教養・たしなみ・モダン文化』中公新書、2007年
岩手県立一関第二高等学校『一関二高八十年史』1987年
岩手県立遠野高等学校『70年史』1971年
生方敏郎『明治大正見聞史』中公文庫、1978年
愛媛県立今治北高等学校『北桜慧智 創立百周年記念写真誌』1999年
櫻蔭会『櫻蔭会史』1940年
近江恵美子「服飾からみた仙台市民の生活史—袴着用是非の論争を通して」、東北生活文化大学・三島学園女子短期大学『紀要』32号、2001年
大久保春乃「明治・大正期洋装普及の過程—女学生の体操服を中心に」『服飾美学』20号、1991年
大阪信愛女学院『90年史 1884〜1974』1984年
大谷正・原田敬一編『日清戦争の社会史』フォーラム・A、1994年
太田蓉子「学校制服が象徴するものとその歴史的研究(一)〜(五)」『家庭科教育』76巻7〜11号、2002年7月〜11月
太田臨一郎『日本服制史 下巻』文化出版会、1989年
岡山県教育会編『岡山県教育史 中巻』(復刻版) 山陽新聞社、1981年
岡山県教育史刊行会編『岡山県教育史 下巻』(復刻版) 山陽新聞社、1981年
岡山県立矢掛高等学校『創立100周年記念誌』2001年
奥田環「資料が語る高等女学校の時代—お茶の水女子大学附属高等学校における資料調査報告」『お茶の水女子大学博物館実習報告』19号、2004年
奥村万亀子「矢がすり文様について—幕末から明治における展開」『服飾美学』5号、1976年
小倉文子・小林里江・小山田紀子「女子美術学校制服と明治の改良服」『女子美術大学研究紀要』31号、2001年
お茶の水女子大学百年史刊行委員会編『お茶の水女子大学百年史』1984年
学習院女子中等科・女子高等科『学習院女子中等科・女子高等科125年史』(改訂) 2014年
学習院総務部ほか編『学習院125年 1877-2002』2002年
学習院大学史料館編『写真集 近代皇族の記憶 山階宮家三代』吉川弘文館、2008年
学習院大学史料館編『写真集 大正の記憶—学習院大学所蔵写真—』吉川弘文館、2011年
学習院百年史編纂委員会編『学習院百年史 第一編』1981年
角田直一『児島機業と児島商人』児島青年会議所、1975年
唐沢富太郎『女子学生の歴史』木耳社、1979年
菅聡子「『魔風恋風』論—反不易流行小説の語るもの」

『淵叢』5号、1996年
神田女学園『竹水の流れ』1980年
岐阜県立本巣高等学校『五十年史』1970年
九州女子高等学校『資料集』1979年
旧制高等学校資料保存会編『旧制高等学校全書 第6巻生活・教養編（1）』旧制高等学校資料保存会刊行部、1983年
『教育時論』628号、1902年9月25日
『教育時論』632号、1902年11月5日
京都教育大学『京都教育大学百二十年史』2001年
京都府師範学校『京都府師範学校沿革史』（復刻版）第一書房、1982年
金城学院『百年史』1996年
熊本信愛女学院『100年のあゆみ』2000年
桑田直子「1920-30年代高等女学校における洋装制服の普及過程」『日本の教育史学』39集、1996年
桑田直子「女子中等教育機関における洋装制服導入過程」『教育社会学研究』62集、1998年
群馬県立安中高等学校『安中高校の六十年』1980年
群馬県立太田女子高等学校『太田女子高校五十年史』1973年
群馬県立桐生女子高等学校『桐女九十年史』1997年
群馬県立高崎女子高等学校『高女七十年』1968年
小池三枝「ある徽章のものがたり」『服飾美学』26号、1997年
国立教育研究所『日本近代教育百年史 第4巻』1974年
小西四郎ほか編『日本学生の歴史』講談社、1970年
小林宏行『六高ものがたり』日本文教出版、1969年
小山静子『良妻賢母という規範』勁草書房、1991年
小山静子『家庭の生成と女性の国民化』勁草書房、1999年
近藤武一編『金城学院八十年史』金城学院、1970年
財界評論新社編『北の都に秋たけて—第四高等学校史』財界評論新社、1972年
財界評論新社編『北辰斜にさすところ—第七高等学校造士館50年史』財界評論新社、1970年
埼玉県立行田女子高等学校『歩み60年』1975年
埼玉県立児玉高等学校『児玉高校五十周年誌』1976年
斎藤祥子「明治の服制が小学校校服の着装に与えた影響」『北海道教育大学紀要（第2部C）』36巻2号、1986年
斎藤祥子「洋服化への過程に見る着装変遷誘因—大正時代の小学校校服をとおして」『日本服飾学会誌』8号、1989年
斎藤祥子「明治・大正期の女学校の『体操』開設が女子着装に与えた影響とその先駆的役割」『日本服飾学会誌』4号、1985年
済美学園『百年史』2002年
佐々井啓「日本女子大学の服装史」『成瀬記念館』5号、1989年
佐藤秀夫「学校における制服の成立史—教育慣行の歴史的研究として」『日本の教育史学』19集、1976年
佐藤秀夫編『日本の教育課題 第2巻 服装・頭髪と学校』東京法令出版、1996年
佐藤秀夫『教育の歴史』放送大学教育振興会、2000年
サリー・ヘイスティングス著、時実早苗訳「皇后の新しい衣服と日本女性、1868-1912」『日米女性ジャーナル』26号、1999年
山陽学園地歴部編『生徒が綴った山陽学園史 1886-1966』1966年
山陽女子中学校高等学校編集部編『みさお特別号 女学生 Style Book』2014年
四高開学八十年記念出版委員会編『四高八十年』第四高等学校同窓会、1967年
静岡県立清水西高等学校『清流創立70周年記念誌』1981年
静岡県立沼津西高等学校『高女・西高九十年史』1990年
静岡県立静岡高等学校『静中静高百年史』1978年
写真集・旧制四高青春譜編集委員会編『写真集 旧制四高青春譜』第四高等学校同窓会、1986年
昭和女子大学被服学研究室『近代日本服装史』近代文化研究所、1971年
女性体育史研究会編『近代日本女性体育史』日本体育社、1981年
ジョールジ・エ・リーランド編、坪井玄道訳『新撰体操書』体操伝習所、1882年
私立児島郡教育会『児島郡誌』岡山県児島郡役所、

1915年
神陵史編集委員会編『神陵史―第三高等学校八十年史』三高同窓会、1980年
鈴木博雄『東京教育大学百年史』図書文化社、1978年
成城学園『成城学園五十年』中央公論事業出版、1967年
成城学園『成城学園70年の歩み』1987年
成城学園『成城学園八十年』1998年
成城高等学校同窓会編『成城文化史』1938年
聖霊学園『七十年史』1978年
『第一高等学校六十年史』1939年
『第五高等学校・第十三臨時教員養成所一覧 自大正八年至大正九年』1919年
第五高等学校『五高五十年史』1939年
『第四高等学校一覧 自明治三十七年至明治三十八年』1904年
『第七高等学校造士館一覧 自大正十二年四月至大正十三年三月』1923年
大成女子高等学校（茨城県）『創立九十周年記念誌』1999年
『第二高等学校一覧 自明治四十二年至明治四十三年』1909年
『第二高等学校史』第二高等学校尚志同窓会、1979年
多和和彦『児島産業史の研究』児島の歴史刊行会、1959年
千葉県立安房南高等学校『七十五年のあゆみ』1982年
千葉県立千葉女子高等学校『創立八十周年記念誌』1982年
土田陽子『公立高等女学校にみるジェンダー秩序と階層構造―学校・生徒・メディアのダイナミズム』ミネルヴァ書房、2014年
坪井玄道・田中盛業編『普通体操法』文部省、1887年
テイコク株式会社編『テイコク百年のあゆみ』テイコク、1978年
東京家政大学博物館編『渡辺学園裁縫雛形コレクション』東京家政大学博物館、2001年
東京書院編『日本登録商標大全 第三編』東京書院、1905年
東京書院編『日本登録商標大全 第二輯』東京書院、1908年
東京書院編『日本登録商標大全 第三輯』東京書院、1911年
東京書院編『日本登録商標大全 第四輯』東京書院、1912年
東京書院編『日本登録商標大全 第五～一八輯』東京書院、1924年
東京書院編『日本登録商標大全 第二五輯』東京書院、1930年
東京女学館百年史編集室編『百年史』1991年
東京女子高等師範学校附属高等女学校『創立五十年』1932年
東京女子高等師範学校附属高等女学校校友会『お茶の水』16号、1929年
東京女子高等師範学校附属高等女学校同窓会『作楽』45号、1934年
『東京大学百年史 通史一』東京大学出版会、1984年
『東京大学百年史 資料一』東京大学出版会、1984年
東京都立竹早高等学校『竹早の百年』2003年
東京文理科大学・東京高等師範学校『創立六十年』東京文理科大学、1931年
東洋英和女学校『五十年史』1934年
栃木県立足利女子高等学校『八十年誌』1989年
栃木県立宇都宮女子高等学校『80年史』1956年
栃木県立宇都宮女子高等学校『90年史』1966年
特許局編『文字商標集 第四巻』帝日特許書院、1927年
特許局編『文字商標集 第五巻』帝国発明協会、1929年
特許局編『文字商標集 第六巻』帝日特許書院、1931年
特許局編『文字商標集 第七巻』帝国発明協会、1937年
特許庁編『工業所有権制度百年史 上巻』発明協会、1984年
特許庁商標課編『商品類別集』発明協会、1977年
富山県立富山高等女学校・富山県立富山女子高等学校清泉同窓会『清泉』4号、1981年
長野県教育史刊行会編『長野県教育史 第11巻』1976年
長野県須坂東高等学校『鎌田を仰ぐ六十年の歩み』1980年
長野県二葉高等学校『写真でかたる二葉百年のあゆみ』

2008年
中村治「小学校卒業写真に見られる服装・風俗の変化」『形の文化研究』5（1）、2009年
中山千代『日本婦人洋装史』吉川弘文館、1987年
成田順『被服教育六十年の回顧』真珠社、1974年
成田順『続被服教育六十年の回顧』真珠社、1975年
難波知子『学校制服の文化史―日本近代における女子生徒服装の変遷』創元社、2012年
難波知子「大衆衣料としての学生服―岡山県旧児島郡における綿製学生服の製造を中心に」『国際服飾学会誌』47号、2015年
難波知子「近代日本における小学校児童服装の形成―岡山県公立小学校を中心に」『国際服飾学会誌』48号、2015年
難波知子「商標公報からみた児島の繊維産業史―足袋・腿帯子・学生服の商標を中心に」『倉敷の歴史』26号、2016年
新潟県立新潟中央高等学校『われらの八十年』1980年
西島芳太郎『旧師大河内治郎氏の成功を語る』1936年
西久栄「女子運動服の体育史的一考察―明治時代を中心にして」『東京家政学院大学紀要』4号、1964年
西村絢子・福田須美子「高等女学校生徒の服装の変遷についての一考察」『日本の教育史学』32集、1989年
日本女子大学校附属高等女学校四十五回生西組記録の会編『百合樹の蔭に過ぎた日』1997年
『二六新報』1902年8月23日
農商務省商工局工務課編『工場通覧』（復刻版）柏書房、1986年
蓮池義治「近代教育史よりみた女学生の服装の変遷（一）」『神戸学院女子短期大学紀要』10号、1978年
蓮池義治「近代教育史よりみた女学生の服装の変遷（二）」『神戸学院女子短期大学紀要』12号、1979年
蓮池義治「近代教育史よりみた女学生の服装の変遷（三）」『神戸学院女子短期大学紀要』15号、1982年
蓮池義治「近代教育史よりみた女学生の服装の変遷（四）」『神戸学院女子短期大学紀要』19号、1986年
秦郁彦『旧制高校物語』文春新書、2007年
備前織物同業組合編『備前織物の今昔』1919年

平田玲子「学帽への思い―帝大角帽と旧制高校白線帽を中心に―」『服飾美学』29号、1999年
深谷昌志『良妻賢母主義の教育』黎明書房、1998年
福岡県立育徳館高等学校『錦陵二百五十年 創立250周年記念写真集』2010年
福岡県立福岡中央高等学校『百年史』1998年
福島県立保原高等学校『仰ぐは霊山 写真で綴る70年』1992年
福岡女学院『90年史 1885-1975』1975年
福岡女学院『百年史』1987年
『婦女新聞』1014号、1919年10月26日
『婦人画報』231号、1925年1月1日
夫馬佳代子「学童の卒業写真から捉えた洋装導入の過程について」『民俗と風俗』17号、2007年
夫馬佳代子『衣服改良運動と服装改善運動』家政教育社、2007年
平安女学院『写真で見る125年史』2000年
細川潤次郎編『女教一斑 第6編』華族女学校、1902年
細野正信監修『梶田半古の世界展』そごう美術館、1994年
北海道札幌北高等学校『六十年』1963年
北海道札幌東高等学校『つどいて』1997年
北海道龍谷学園双葉高等学校『創立一〇〇周年記念誌』2008年
本田和子『女学生の系譜』青土社、1990年
松田歌子・高島愛・伊地知美知子「明治・大正・昭和前期の学童の衣生活とその背景（第1報）」『文教大学教育学部紀要』17号、1983年
松田歌子・高島愛「明治・大正・昭和前期の学童の衣生活とその背景（第2報）」『文教大学教育学部紀要』17号、1983年
松田歌子・伊地知美知子「明治・大正・昭和前期の学童の衣生活とその背景（第3報）」『文教大学教育学部紀要』18号、1984年
松田歌子・高島愛「明治・大正・昭和前期の学童の衣生活とその背景（第4報）」『文教大学教育学部紀要』19号、1985年
松田歌子・高島愛「明治・大正・昭和前期の学童の衣生活とその背景（第5報）」『文教大学教育学部紀要』

20号、1986年

松田歌子・伊地知美知子「明治・大正・昭和前期の学童の衣生活とその背景（第6報）」『文教大学教育学部紀要』21号、1987年

松田歌子・高島愛・伊地知美知子「明治・大正・昭和前期の学童の衣生活とその背景（第7報）」『文教大学教育学部紀要』27号、1993年

松田歌子・高島愛・高木直「明治・大正・昭和前期の学童の衣生活とその背景（山形）」『日本服飾学会誌』10号、1991年

松田歌子「明治・大正・昭和前期の学童の衣生活とその背景（北九州）」『日本服飾学会誌』11号、1992年

宮城県第一女子高等学校『六十年史』1961年

宮城県第一女子高等学校『一女高百年史』1997年

宮城県第二女子高等学校『二女高90年 かぐはしき未来へ』1994年

村井不二子「明治洋装史の研究Ⅱ—学校制服の一考察（第1報）」『学苑』511号、1982年

明治神宮外苑『明治神宮聖徳記念絵画館壁画』1986年

望月彰「女学校における服装の変化と体育—新潟県に関連して」『新潟大学教養部研究紀要』7集、1977年

文部省編『学制百年史』帝国地方行政学会、1972年

文部省編『学制百二十年史』ぎょうせい、1992年

山川菊枝『おんな二代の記』平凡社、2004年

山口県立山口中央高等学校『百年史』1990年

山田奈々子「梶田半古と口絵」『浮世絵芸術』144号、2002年

山根正次『改良服図説』伴鶴堂、1902年

横川公子「女性と袴（一）男袴の受容」『金蘭短期大学研究誌』23号、1992年

横川公子「女性と袴（二）海老茶式部の形成」『金蘭短期大学研究誌』24号、1993年

リーランド著、坪井玄道訳『新撰体操書』体操伝習所、1882年

若桑みどり『皇后の肖像—昭憲皇太后の表象と女性の国民化』筑摩書房、2001年

『早稲田大学一覧 大正2年』1913年

『早稲田大学百年史 第一巻』早稲田大学出版部、1978年

『早稲田大学百年史 第二巻』早稲田大学出版部、1981年

『早稲田大学百年史 第三巻』早稲田大学出版部、1987年

渡辺辰五郎『婦人改良服裁縫指南』東京裁縫女学校同窓会、1903年

渡辺友希絵「『束髪案内』再考—「婦人束髪会を起すの主旨」と渡辺鼎」『日本歴史』629号、2000年

❖その他

お茶の水女子大学デジタルアーカイブズ
http://archives.cf.ocha.ac.jp/

山陽学園アーカイブ
http://www.sanyogakuen.net/arc/photo.html

特許情報プラットフォーム
https://www.j-platpat.inpit.go.jp/web/all/top/BTmTopPage

早稲田大学大学史資料センター
http://www.enpaku.waseda.ac.jp/db/shashin/

著者略歴

難波知子（なんば・ともこ）

1980年岡山県総社市生まれ。2010年お茶の水女子大学大学院博士後期課程（比較社会文化学専攻）修了。博士（学術）。2012年よりお茶の水女子大学基幹研究院助教。
主な著書・論文に、『学校制服の文化史』（創元社、2012年）、「大衆衣料としての学生服」（『国際服飾学会誌』47号、2015年6月）、「近代日本における小学校児童服装の形成」（『国際服飾学会誌』48号、2015年12月）、「商標公報からみた児島の繊維産業史」（『倉敷の歴史』26号、2016年3月）などがある。

装丁・本文デザイン　寺村隆史

近代日本学校制服図録
（きんだいにほんがっこうせいふくずろく）

2016年8月20日　第1版第1刷　発行

著　者	難 波 知 子
発行者	矢 部 敬 一
発行所	株式会社 創元社

http://www.sogensha.co.jp/
本社 〒541-0047 大阪市中央区淡路町4-3-6
Tel.06-6231-9010 Fax.06-6233-3111
東京支店 〒162-0825 東京都新宿区神楽坂4-3 煉瓦塔ビル
Tel.03-3269-1051

印刷所　　図書印刷株式会社

© Tomoko Nanba, Printed in Japan
ISBN978-4-422-21016-2　C3021

〔検印廃止〕
落丁・乱丁のときはお取り替えいたします。
JCOPY　〈(社)出版者著作権管理機構 委託出版物〉
本書の無断複写は著作権法上での例外を除き禁じられています。複写される場合は、そのつど事前に、(社)出版者著作権管理機構（電話 03-3513-6969、FAX 03-3513-6979、e-mail: info@jcopy.or.jp）の許諾を得てください。

創元社の本

学校制服の文化史――日本近代における女子生徒服装の変遷
難波知子[著]

管理のシンボルから自分を演出するアイテムへ。近代女性の社会的ポジションと密接な関わりを持ち続けてきた女子学校制服。その通説を大きく書き換える、清新な制服史論。

A5判上製・384頁　本体4800円

図説 戦時下の化粧品広告〈1931―1943〉
石田あゆう[著]

婦人雑誌の化粧品広告500点余から読む、国家総力戦下の女性の「美」と「役割」。80年前の〈一億総活躍社会〉を明るく映し出す、汎用性の高いビジュアル社会文化史。

B5判上製・240頁　本体4500円